MARCO POLO

PHILIPPINEN

Reisen mit

Insider-Tips

Diese Tips sind die ganz speziellen Empfehlungen unserer Autoren. Sie sind im Text gelb unterlegt.

Fünf Symbole sollen Ihnen die Orientierung in diesem Führer erleichtern:

★

für Marco Polo Tips – die besten in jeder Kategorie

für alle Objekte, bei denen Sie auch eine schöne Aussicht haben

für Plätze, wo Sie bestimmt viele Einheimische treffen

für Treffpunkte für junge Leute

(106/A 1)
Seitenzahlen und Koordinaten für den Reiseatlas Philippinen
(U/A 1) *Koordinaten für den Stadtplan Manila im hinteren Umschlag*
(O) *außerhalb des Kartenausschnitts*

Diesen Führer schrieb Jürgen Dauth.
Er lebt seit mehr als 20 Jahren als Korrespondent in Südostasien.
Die Aktualisierung hat May Salao übernommen.

Die Marco Polo Reihe wird herausgegeben von Ferdinand Ranft.

Die aktuellsten Insider-Tips finden Sie im Internet unter http://www.marco-polo.de

MAIRS GEOGRAPHISCHER VERLAG

MARCO POLO

Für Ihre nächste Reise gibt es folgende Titel dieser Reihe:

Unsere Autoren haben nach bestem Wissen recherchiert. Trotzdem schleichen sich manchmal Fehler ein, für die der Verlag keine Haftung übernehmen kann.

Titelbild: Insel Cebu, Strand an der Nordküste bei Sogod (Das Fotoarchiv: Tack)
Fotos: foto-presse: Timmermann (14); P. Hertrampf (67); V. Janicke (48); G. Jung (20, 82); R. Kiedrowski (26, 42); Mauritius: Höbel (86), Hubatka (105), Kugler (60), Torino (79), Vidler (10, 28), Weber (7, 22, 32, 36); Schapowalow: Backhaus (63), Heaton (40), Nacivet (25); Schuster: Gluske (81), Hoa Qui (4), Rozbroj (58); Steffens: Föhl (45); P. Spierenburg (69); Transglobe: Evrard (51, 72); White Star: Reichelt (19, 54)

2., aktualisierte Auflage 2000 © Mairs Geographischer Verlag, Ostfildern
Chefredakteurin: Marion Zorn
Lektorat: Andrea Sach; Gestaltung: Thienhaus/Wippermann (Büro Hamburg)
Kartographie Reiseatlas: © Mairs Geographischer Verlag
Sprachführer: in Zusammenarbeit mit dem Ernst Klett Verlag für Wissen und Bildung GmbH, Redaktion PONS Wörterbücher

Printed in Germany
Gedruckt auf 100% chlorfrei gebleichtem Papier

INHALT

Auftakt: Entdecken Sie die Philippinen! 5
350 Jahre spanischer Konvent und 50 Jahre Hollywood

Geschichtstabelle 13

Philippinen-Stichworte: Von den Aeta bis zum Zucker 15
Ein Vokabelheft für Philippinenreisende

Essen & Trinken: Halo-halo und lapu-lapu 23
Die philippinische Küche ist ein Potpourri der Kulturen, eine Begegnung von Ost und West

Einkaufen & Souvenirs: Kunsthandwerk und Designermode 27
Die dekorativsten Souvenirs kommen aus den Werkstätten der Eingeborenenvölker

Philippinen-Kalender: Jahrmarkttrubel und Frömmigkeit 29
Im Leben der Filipinos ist jeder Tag eine Fiesta

Hotel- und Restaurantpreise 33

Manila und Südluzon: Einmal rund um die Laguna 33
Ein Großstadtmoloch und sein Hinterland – atemberaubend und abwechslungsreich

Luzon: Hundert Inseln vor den Stufen zum Himmel 49
Kriegerische Bergvölker, Reisgötter und Wunderheiler

Die Visayas: Insel-Hopping im Paradies 59
Palmen, Sonne, Sand und Meer – hier wurde dem Land sein Name gegeben

Mindanao: Erntezyklen bestimmen das Zeitmaß 73
Moscheen, Minarette und der Ruf des Muezzins – im »wilden Süden« ist alles anders

Palawan: Wege, die ins Nirgendwo führen 83
Abenteuer pur: undurchdringlicher Dschungel, seltene Schmetterlinge, scheue Inselbewohner

Routen auf den Philippinen 87

Praktische Hinweise: Von Auskunft bis Zoll 91
Hier finden Sie kurzgefaßt die wichtigsten Adressen und Informationen für Ihre Philippinenreise

Warnung: Bloß nicht! 96
Durch Höflichkeit können Sie Fettnäpfchen vermeiden und Konflikten entgehen

Sprachführer Englisch: Sprechen und Verstehen ganz einfach 97

Reiseatlas Philippinen 105

Register 119

Was bekomme ich für mein Geld? 120

Entdecken Sie die Philippinen!

350 Jahre spanischer Konvent und 50 Jahre Hollywood

Mabuhay«, sagen die Filipinos: »Guten Tag, schön, daß du da bist.« Gelegentlich aber sagen sie auch nur »Hey Joe«, wenn der Besucher ein Weißer ist. Diesen Ausdruck haben sie von den Amerikanern, die einmal ihre Herren waren. Auf den Philippinen gibt es auch immer Kaffee, wenn man sich kennenlernt. Das Kaffeehaus ist überhaupt der Lieblingsplatz des Filipinos. Da darf er Präsident sein und Wirtschaftsexperte, Kapitän seiner Basketballmannschaft und Macho, der den hübschen Mädchen nachpfeift. Übrigens, Kaffee auf den Philippinen ist heißes Wasser und ein Beutelchen Pulver. Auch das haben die Filipinos von den Amerikanern.

Und den Jeepney. Wollte man nach einem Symbol für die Philippinen suchen, müßte man den Jeepney wählen. Kein Reiseführer über die Philippinen wäre komplett ohne einen Jeepney. Ein Jeepney war vor dreißig, vierzig oder fünfzig Jahren noch ein Jeep in den Diensten der amerikanischen Streitkräfte. Die Filipinos haben ihn vor dem Verschrotten gerettet. Sie haben ihn mit romantischen Landschaftsbildern und anzüglichen Nachtclubszenen bemalt. Auf der verchromten Stoßstange montierten sie sprungbereite Aluminiumpferdchen, die über den Kühlergrill auf die Motorhaube klettern. Das Armaturenbrett ähnelt einem Altar mit Madonna und »Santo Niño«, dem Jesuskind. Ein lustiges Vehikel, das sich nunmehr Jeepney nennen und Personen befördern darf.

Auf der kleinen Insel Boracay werden Südseeträume wahr

Vor allem aber ist der Jeepney ein nationales Charakterbild, in dem sich die Persönlichkeit des Filipinos in seiner ganzen Widersprüchlichkeit offenbart: sein christlich-orthodoxes Erbe, seine bunte Verspieltheit und sein Männlichkeitswahn. Fast jeder Filipino glaubt, ein großer Liebhaber und Held zu sein. Nirgendwo auf der Welt werden mehr Gitarren verkauft und sind mehr illegale Handfeuerwaffen im Verkehr als auf den Philippinen. Der Filipino liebt alles Männliche. Basketball – die Filipinos spielen Weltklasse – ist Nationalsport. Der inoffizielle Nationalsport ist das Wetten; für viele Filipinos die einzige Chance, dem Traum vom reichen Mann für einen Moment nahe zu kommen. Beispielsweise beim Hahnenkampf, dem »Sport der Könige«.

So gegensätzlich wie der Filipino sind auch die Philippinen selbst. Von der Landmasse her gesehen sind sie nur wenig größer als die Britischen Inseln, verteilt auf einen Archipel, der mit jeder Felsnase bei Ebbe 7107 Inseln zählt und 18000 Kilometer Küste aufweist. Doch nur rund 2000 der Inseln sind bewohnt. Wiederum zwei davon, Luzon und Mindanao, machen bereits 65 Prozent der Landmasse aus und beherbergen 60 Prozent der Bevölkerung von 62 Millionen Einwohnern. Der Rest verteilt sich auf die Visayas und die Sulu-See. Zwischen der nördlichsten Insel, Y'ami, und der südlichsten, Sulag, liegen 1840 Kilometer sowie eine Vielfalt von Landschaften und kulturellen Eigenheiten.

Ausgedehnte Ebenen gibt es eigentlich nicht. Flach ist es nur nördlich von Manila. Gemäß den Legenden der Bisaya, der Bewohner der Visayas, liegen die Philippinen zwischen Himmel und Wasser. Oder anders ausgedrückt: Die Philippinen sind in erster Linie gebirgig. Der höchste Berg liegt im Süden auf Mindanao, der Mount Apo mit 2954 Metern, der zweithöchste im Norden auf Luzon, der Mount Pulog mit 2929 Metern. Dazwischen liegen mehrere Zweitausender, von denen 52 noch Feuer speien. Mit diesen Unwirtlichkeiten der Natur, die ihnen gelegentlich den Lebensraum streitig machen, haben die Filipinos zu leben gelernt. Wie im Jahr 1991, da explodierte der Mount Pinatubo auf Luzon und zerstörte ein Dutzend Städte und viele hundert Quadratkilometer Ackerland. Sehr viel häufiger jedoch besuchen zerstörerische Taifune den Archipel, spülen Dörfer und Menschen hinweg und richten Millionenschäden an. Es ist nicht gerade hilfreich, daß die menschliche Gier den größten Teil der Bergwälder abgeholzt und den verheerenden Stürmen damit freie Bahn geschaffen hat.

Erdgeschichtlich gehören die Philippinen zum hinterindischen Bogen, einer Landbrücke, die einst von Thailand über Malaysia und Indonesien nach Japan und bis zum chinesischen Festland reichte. Über diese Landbrücke sind mehrere Migrationswellen aus dem Süden Chinas herübergeschwappt, und immer mehr Menschen haben sich auf den Philippinen angesiedelt. Als die Unruhe im Erdinnern Inseln und Gebirge schuf, blieben jedoch viele dieser Urvölker isoliert. Die Bevölkerung der Philippinen ist daher keineswegs homogen.

Man unterscheidet 111 ethnisch und kulturell unterschiedliche Gruppen der austronesischen Völkerfamilie, die wiederum 70 indigene malaiisch-polynesische Sprachen sprechen.

Auch Fauna und Flora der Philippinen erinnen daran, daß die Inselwelt einmal über Land mit den Nachbarn verbunden war. Im Norden von Luzon hat man die gleichen Fossilien ausgegraben wie auf Taiwan, beispielsweise den *stegodon,* einen Zwergelefanten. In den Dschungeln von Mindanao findet man dieselben Pflanzen wie auf Borneo, zumindest aber ihre Mutanten, und die Zwergrehe und Stachelschweine, die Ameisenfresser und Affenfamilien der Visayas sind verwandt mit denen auf Celebes. Daß sich die Philippinen kulturell vom übrigen Südostasien entfernt haben, ist allerdings ein Willkürakt der Geschichte, dem die Filipinos wehrlos gegenüberstanden.

Sie waren nämlich keineswegs begeistert, als der Spanier Miguel Lopez de Legaspi im Jahr 1571 in der Manila-Bucht vor Anker ging. Die meisten Filipinos haben sich erst durchs Schwert »überzeugen« lassen. Von Manila bis Zamboanga sind die Philippinen dann nach mediterranem Vorbild umgekrempelt worden. Die Kirchen im überschwenglichen Kolonialbarock und die protzigen Patrizierhäuser an den Plazas könnten ebensogut in Madrid oder Barcelona stehen.

An den Bewohnern der Mountain Province im Norden von Luzon sowie an den Völkern im Süden haben die Spanier sich jedoch die Zähne ausgebissen. Die Stämme der Negritos, die Aeta, Ati, Ita und Eta, sind vor den Eroberern in die Tiefen der Bergdschungel zurückgewichen. Die Igorot aber, die Bontoc, Benguet,

Der Jeepney: Phantasieprodukt und Verkehrsmittel zugleich

Die Marco Polo Bitte

Marco Polo war der erste Weltreisende. Er reiste in friedlicher Absicht, verband Ost und West. Er wollte die Welt entdecken, fremde Kulturen kennenlernen, nicht zerstören. Könnte er heute für uns Reisende nicht Vorbild sein? Aufgeschlossen und friedlich sollte unsere Haltung auf Reisen sein. Dazu gehören auch Respekt vor Mensch und Tier und die Bewahrung der Umwelt.

WWF

Ifugao, Kalinga und Apayao im Norden sowie die Tausug, Badjao, Maranao, Samal und Maguindanao auf Mindanao und in der Sulu-See haben den spanischen Kommandos blutige Nasen geschlagen und blieben fortan weitgehend ungeschoren. Auch die Eroberer, die nach den Spaniern kamen – die Engländer mit einem kurzen Gastspiel im 18. Jahrhundert, die Amerikaner, die 1898 in Manila Einzug hielten, und schließlich die Japaner als Besatzungsmacht im Zweiten Weltkrieg –, konnten diese Völker nicht beeindrucken. So ist aber auch die Modernisierung spurlos und unbemerkt an ihnen vorübergegangen, und eine Tagesreise von Manila nach Bontoc in der Mountain Province ist noch immer eine kulturgeschichtliche Expedition vom 20. Jahrhundert zurück in die Steinzeit.

Aus der kolonialen Überfremdung ist der größere Teil der Filipinos mit einer gespaltenen Identität hervorgegangen. Die Seele ist spanisch, das Gesicht aber eher amerikanisch. Das Produkt von 350 Jahre währendem spanischem Konvent und 50 Jahren Hollywood. Die philippinische Seele, das ist die Kirche. 80 Prozent der Bevölkerung sind Katholiken, den Rest teilen sich die animistische Geisterwelt und alle nur denkbaren protestantischen Denominationen, die die Amerikaner auf die Philippinen losgelassen haben. Eine Ausnahme macht die »Iglesia ni Kristo«, eine Mischung aus allem. Sie ist eher bodenständig. Ihre Existenz verdankt sie einem Eiferer aus armen Verhältnissen, der alljährlich von seinen Anhängern mehr als 25 Millionen US-Dollar kassiert.

Mit 110 Bischöfen und 5500 Priestern sowie Heerscharen von Ordensbrüdern und Nonnen, die wiederum 15 Priesterseminare, 17 Universitäten, 151 Colleges und 400 private Oberschulen unterhalten sowie 17 Radiostationen betreiben, kontrolliert die katholische Kirche das gesellschaftliche Leben der Filipinos lückenlos von der Wiege bis in die Korridore der Macht. Was der Filipino nicht erklären kann, legt er mit religiösem Fatalismus vor die Füße seiner Kirche. »Bahala na«, sagt der Filipino, wenn eine Herausforderung unüberwindbar erscheint: »Überlaß es Gott.«

1898 hatten die Vereinigten Staaten von Amerika die Spanier als Kolonialmacht über die Philippinen abgelöst. Nach 400 Jahren spanischem Konvent begannen nunmehr 50 Jahre *american way of life.* Die Philippinen, trotz des spanischen Einflusses abseits der

Machtzentren noch immer eine asiatische Nation, wurden nach amerikanischem Vorbild zunächst politisch, dann wirtschaftlich und in einem schleichenden Prozeß schließlich auch gesellschaftlich umgekrempelt. So vollkommen war die Amerikanisierung der Philippinen, daß man spöttisch vom 51. Bundesstaat der USA sprach. Die urbane Elite, vor allem die Jugend, ahmte amerikanischen Lebensstil nach, komplett mit Cola, Hamburgern und Pommes frites, amerikanische Kunst- und Kulturimporte verdrängten die indigene Kreativität. Und noch heute stülpt sich die braunhäutige, schwarzhaarige Filipina eine blonde Perücke über, um in einem amerikanischen Musical im philippinischen Kulturzentrum am Roxas Boulevard in Manila authentisch amerikanisch zu wirken.

Am nachhaltigsten war jedoch die politische Entfremdung der Philippinen von ihrem asiatischen Umfeld. Trotz ihrer Mitgliedschaft in der Staatengemeinschaft der südostasiatischen Nationen (ASEAN) haben die Philippinen den Anschluß an ihre Nachbarn noch nicht wiedergefunden. Sie sind zu einem Anhängsel der amerikanischen Wirtschaft geworden. Ihre wirtschaftlichen Aktivitäten hatten die der USA zu komplementieren, sie verloren ihre wirtschaftliche Selbstbestimmung. Das erklärt unter anderem, warum die Philippinen vom Wirtschaftsboom in Fernost abgehängt blieben und heute im Vergleich zu den Nachbarn um 20 Jahre in der Entwicklung hinterherhinken.

Allerdings haben die Philippinen inzwischen eine bedeutende politische Wende vollzogen. Sie haben ihre jahrzehntelange Abhängigkeit von Wirtschaft und Politik der USA aufgekündigt. Die USA mußten 1991 die für ihre pazifischen Interessen wichtigen Militärstützpunkte auf den Philippinen räumen. Seither versuchen die Filipinos die Asiaten davon zu überzeugen, daß auch sie welche sind.

Die Philippinen wurden 1946 in die nationale Unabhängigkeit entlassen. Doch mit ihrer Freiheit wußte die »Republica ng Pilipinas« bisher noch nicht viel anzufangen. Sie zählt trotz reicher Rohstoffvorkommen zu den Armenhäusern der Welt. Armut ist auf den Philippinen etwas Alltägliches. Es gibt zuviel davon. Mehr als die Hälfte der Haushalte lebt unterhalb des Existenzminimums.

Das war nicht immer so. Vor 30 Jahren waren die Philippinen nach Japan die wohlhabendste und am höchsten entwickelte Nation in Fernost. Die Wende kam Mitte der sechziger Jahre mit Ferdinand Edralin Marcos. Unter seiner Präsidentschaft von 1965 bis 1986 – 15 Jahre davon unter Kriegsrecht – wurden die Philippinen zum Selbstbedienungsladen einer kleinen Clique einflußreicher Familien. In Manila herrschten Marcos und das Militär, in den Provinzen die Oligarchen und ihre Privatarmeen. Eine militante Anti-Marcos-Bewegung und der bewaffnete Untergrund der kommunistischen Partei der Philippinen, die Neue Volksarmee, banden ungeheure finanzielle und menschliche Ressourcen in einem blutigen Guerillakrieg. Im Süden der Philippinen ermutigte der Verfall der inneren Ordnung die islamische Minderheit der Moro zum Aufstand gegen die christliche Zentralregierung. Als die Revolution der People's Power Marcos 1986 ins amerikanische Exil jagte, hatte dieser die Staatskassen geplündert. Von diesem Aderlaß haben sich die Philippinen wirtschaftlich noch immer nicht erholt. Einen riesigen Schuldenberg hatte der Marcos-Clan angehäuft, dessen Tilgung heute mehr als 30 Prozent des Bruttosozialprodukts verschlingt.

Der Raubbau an der Nation und ihrer Umwelt hat die ländliche Bevölkerung in die Städte abgedrängt, verführt von den bunten Neonlichtern, die Fortschritt und Wohlstand versprechen. Doch die Städte können das Heer der Armen nicht ernähren. In Manila allein leben zwischen drei und vier Millionen Menschen – ein Drittel aller Einwohner – in Elendsvierteln, in verwahrlosten Hütten aus Kistenbrettern und Pappkartons. Und jährlich wächst der Armutsgürtel um Manila um weitere 300000 Migranten. Überhaupt, die Bevölkerungszahl steigt in jedem Jahr um 2,7 Prozent, mehr als in allen anderen

Boracay: Ein touristisches Juwel für alle Wassersportfans

asiatischen Ländern. Doch mit einer Geburtenkontrolle ist bisher keine philippinische Regierung sehr weit gekommen. Dafür hat die katholische Kirche gesorgt. Ein Dreierpack Kondome kostet fast soviel wie ein ganzes Huhn, und die Pille kostet den Seelenfrieden im Jenseits.

Das war es nicht, wofür der philippinische Arzt, Philosoph, Schriftsteller und Revolutionär, Jose Rizal, am 30. Dezember 1896 unter einer Salve spanischer Füsiliere sein Leben hingab, weil er seine Feder gegen die Padres und Spanier gespitzt hatte. Und es ist auch nicht das, was in der Verfassung der »Republica ng Pilipinas« niedergeschrieben steht: die kategorische Trennung von Staat und Kirche.

Es ist erstaunlich, daß die Seele des Volkes unter seiner schweren Bürde noch nicht zerbrochen ist. Doch der Filipino erträgt die Armut mit Gelassenheit. Er ist eine unverbesserliche Frohnatur, jederzeit bereit, den Herausforderungen des Daseins mit einem befreienden Lachen zu begegnen. Das Leben ist für ihn eine einzige große »fiesta«. Eine politische Kundgebung wird zum Happening mit Tanz und Spektakel, ein Besuch auf dem Friedhof zum Picknick mit Gitarre und Strömen von Alkohol. Und wenn sich einige Filipinos alljährlich am Karfreitag ans Kreuz schlagen lassen, folgt ihnen ein ganzer Jahrmarkt.

Die Philippinen sind das Armenhaus Südostasiens. Auch die Rückkehr zu einer demokratischen Gesellschaftsordnung in der Nach-Marcos-Ära hat wenig zur sozialen Gerechtigkeit beigetragen. Die Macht des Großgrundbesitzes, die Herrschaft einiger weniger Familien, ist ungebrochen. Statistisch verzeichnen die Philippinen heute wieder ein jährliches Wirtschaftswachstum von fünf Prozent. Dieses Wachstum steht jedoch auf tönernen Füßen. Die nationale Wirtschaft profitiert zunächst einmal von der Rückkehr der Fluchtgelder, die unter dem Marcos-Regime ins Ausland verschoben wurden. Zwischen vier und zwölf Milliarden US-Dollar sind wieder zurückgeflossen. Nicht aus eigener Kraft also wächst die Wirtschaft – oder durch Mehrwertschöpfung –, sondern durch Fremdleistungen: von den 10,7 Milliarden US-Dollar, die die 4,3 Millionen Filipinos, die ihre Arbeitskraft nach Übersee verkauft haben, alljährlich nach Hause schicken; von internationalen Krediten; von ausländischen Investitionen an der Börse; insgesamt 41 Milliarden US-Dollar, die die philippinische Wirtschaft selbst nicht erarbeitet hat. Wachstumsindikatoren der zurückliegenden zehn Jahre sowie eine Steigerung des Bruttoinlandsprodukts um 50 Prozent auf 960 US-Dollar pro Kopf bedeuten daher für den Mann auf der Straße kaum mehr als heiße Luft.

Trotz vieler Schwierigkeiten und mancher Ungereimtheit ist der Blick in die Zukunft der Philippinen jedoch keineswegs nur düster. Die Wirtschaftsplanung wurde dezentralisiert und in die Verantwortung der einzelnen Provinzen gelegt. Die Entscheidungsmechanismen sind damit flexibler und vom Polittheater in Manila unabhängiger geworden. Insgesamt wurde die Kontrolle des Staates über die Wirtschaft, die unter anderem auch ausländische Investoren entmutigte, aufgehoben. Ein Friedensabkommen mit dem kommunistischen Untergrund hat zu einer erheblichen Verbesserung des Investitionsklimas beigetragen. Auch die Moro National Liberation Front, der politische Arm der muslimischen Rebellen, hat ihre Waffen für eine begrenzte Autonomie in sieben Provinzen auf Mindanao niedergelegt.

Diese Friedensabkommen haben den Zugriff auf den großen Reichtum der Philippinen an natürlichen Ressourcen sicherer gemacht. Es besteht nunmehr die Chance, die Wirtschaft der Philippinen auf den eigenen Rohstoffen aufzubauen. Die tropischen Gewässer entlang der mehr als 18000 Kilometer langen Küste bergen genügend Ressourcen für einen exportorientierten Fischfang. Ausgedehnte Mineralvorkommen – Kupfer, Gold, Silber, Nickel und Chrom – warten auf ihre Erschließung. Die Ölvorkommen in der Sulu-See sind dagegen unbedeutend. Ein großes Potential an geothermischer und Hydro-Energie in den vulkanischen Regionen könnte jedoch bei entsprechenden Investitionen den Energiebedarf der Philippinen auf Jahre hinaus decken.

Überfällig ist eine Diversifizierung der Industrie. Derzeit exportiert das Land überwiegend Schuhe und Textilien sowie landwirtschaftliche Produkte, vor allem Kopra. Die bedeutendsten Handelspartner sind die USA, Japan und die Europäische Union.

Paradoxerweise könnte das wirtschaftliche Wachstumspotential trotz erdrückender Arbeitslosigkeit durch einen Mangel an Arbeitskräften beeinträchtigt werden. Denn es fehlt an qualifizierten Fachkräften, obwohl das Bildungsniveau auf den Philippinen sehr hoch ist. 90 Prozent der Bevölkerung sind alphabetisiert, die Einschreibungen in den Schulen betragen um 100 Prozent, die Universitäten haben einen guten Ruf, und die Facharbeiterausbildung kann sich mit der in den Industrieländern durchaus messen. Seit Jahren exportieren die Philippinen jedoch ihre besten menschlichen Ressourcen nach Übersee, vor allem in den Nahen Osten. Und dies sind gerade die Fachkräfte, die für eine Umstrukturierung der philippinischen Wirtschaft vom Billiglohnland zu höherwertigen Technologien benötigt werden.

Die Philippinen setzen auf den Tourismus, die Wachstumsindustrie Nummer eins in Südostasien. Mit ihrer kulturellen Vielfalt und ihren landschaftlichen Kontrasten können sie vieles bieten, nur keine Langeweile. Von der nimmermüden Hauptstadt Manila, einem Marsch durch die Geschichte, bis zu den schönsten Stränden der Region und hinauf zu den atemberaubenden Reisterrassen der Ifugao reicht das Angebot, dazu Museen, Nightlife, Musik und Folklore. Der moderne Reisende muß auch nicht befürchten wie weiland vor 475 Jahren der Portugiese Ferdinand Magellan, ermordet zu werden. Die Nachfahren des Häuptlings Lapu-Lapu, mit dem die Portugiesen vor langer Zeit überflüssigerweise Streit gesucht hatten, werden ihn heute mit einem fröhlichen Lachen empfangen.

Geschichtstabelle

150 000 bis 30 000 v. Chr.
Erste nachgewiesene Besiedlung

25 000 v. Chr.
Die Negritovölker wandern vom asiatischen Festland her ein

5000 v. Chr.
Die Landbrücke zum asiatischen Festland sinkt ab, die philippinischen Inseln entstehen

500 v. Chr.
Protomalaiische Völker von Indonesien siedeln sich an

800 n. Chr.
Die ersten Migranten aus China siedeln auf den Philippinen

1380
Beginn der Islamisierung der Völker Mindanaos und der Sulu-See

1521
Der Portugiese Ferdinand Magellan entdeckt die Philippinen; Beginn der Christianisierung

1543
Der Spanier Ruy Lopez De Villalobos benennt den Archipel »Felipinas« zu Ehren Philipps II. von Spanien

1571
Legaspi erobert Manila

1762
Manila fällt vorübergehend an die britische Krone

1892
Dr. Jose Rizal gründet die »Liga Filipina«, die philippinische Unabhängigkeitsbewegung

1896
Jose Rizal wird von den Spaniern hingerichtet

1898
Der spanisch-amerikanische Krieg bricht aus; die Philippinen fallen an die Vereinigten Staaten von Amerika

1942
Zweiter Weltkrieg; Japan besiegt die alliierten Truppen und besetzt die Philippinen

1944
General Douglas MacArthur besiegt die Japaner; die USA kehren auf die Philippinen zurück

1946
Die Philippinen werden unabhängig

1972
Der Diktator Ferdinand Edralin Marcos verhängt das Kriegsrecht

1986
Die unblutige Revolution der People's Power schickt Marcos ins Exil. Die Philippinen kehren mit Präsidentin Corazon Aquino zu einer demokratischen Gesellschaftsordnung zurück

1991
Der philippinische Kongreß kündigt das Stützpunkte-abkommen mit den USA

1996
Manila und die Moro im muslimischen Süden schließen nach 20 Jahren Bürgerkrieg Frieden

Von den Aeta bis zum Zucker

Ein Vokabelheft für Philippinenreisende

Aeta
Ati, Ita oder Eta, so heißen die kleinwüchsigen, kraushaarigen, dunkelhäutigen Menschen vom Volk der Negritos. Neben Völkern austronesischer Herkunft zählen sie zu den eigentlichen Ureinwohnern der Philippinen. Die Negritos sind inzwischen zu einer Minderheit von 40 000 Mitgliedern zusammengeschmolzen. Sie leben zum Teil in Reservaten oder in Familienverbänden als Sammler und Jäger in den schwer zugänglichen Bergdschungeln auf den Inseln Negros, Samar, Panay, Palawan und Leyte sowie auf Luzon.

Barong
Das nationale Kleidungsstück wohlhabender Filipinos. Der Barong ist ein weitgeschnittenes Hemd, das über der Hose getragen wird. Es besteht aus einem transparenten weißen Gewebe, das bestickt sein kann. Besonders vornehm sind Barongs aus gebleichten Bananen- oder Ananasfasern. Mit einem klassischen *barong tagalog* ist man auf den Philippinen zu jedem Anlaß angemessen gekleidet.

Besetzung der Marcos-Statue nach seinem Sturz

Communist Party
Gemeint ist die Communist Party of the Philippines, CPP. Die Partei wurde 1968 im politischen Untergrund gegründet. 1972, nach der Ausrufung des Kriegsrechts durch die Marcos-Administration, begann der bewaffnete Arm der CPP, die Neue Volksarmee NPA, einen Guerillakrieg gegen die Marcos-Diktatur. Auf dem Höhepunkt der Anti-Marcos-Bewegung zu Beginn der achtziger Jahre zählte die NPA 50 000 Mann unter Waffen. In den Visayas und im Süden von Mindanao kontrollierte die CPP zeitweise große zusammenhängende Gebiete, die »liberated territories«. Die CPP wurde von Priestern und Nonnen im Widerstand gegen die Marcos-Diktatur unterstützt. Seit 1993 ist die CPP eine offiziell anerkannte Partei.

Crony
Ein enger Vertrauter einer Person, die über Einfluß und Macht verfügt. In der Marcos-Ära wur-

den mit *Cronys* all jene bezeichnet, die zum Kreis der Günstlinge um den Diktator gehörten. Heute bezeichnet der Begriff Vetternwirtschaft im Dunstkreis der Macht, die Abhängigkeit von einem Padroni, der Pfründe zu vergeben hat. Die *Cronys* sind dem Padroni zur absoluten Loyalität verpflichtet. Auch heute noch errichten Politiker ihre Hausmacht auf einer Pyramide abhängiger *Cronys.* Ein solches Bündnis ist nicht selten in der Nähe der Korruption und des Machtmißbrauchs angesiedelt.

Filipina

Mit ihren Kampfhähnen, so sagt man, gehen die Filipinos pfleglicher um als mit ihren Frauen. Ihre Frauen verstecken sie am liebsten bei den Kindern und in der Küche. Doch aus diesem Käfig, der sie angeblich beschützen soll, ist die Filipina längst ausgebrochen.

Fast die Hälfte der philippinischen Arbeitskräfte sind Frauen. Oft sind sie hinter den Kulissen der Motor, der die Nation antreibt. Ohne die Frauen, so heißt es, läuft hier gar nichts. In der grauen Vorzeit ihres Volkes war die Filipina Priesterin. Sie hat an der Seite des Freiheitskämpfers Andres Bonifacio die Fahnen der Revolution gegen die spanische Kolonialmacht getragen. Sie ist Präsidentin geworden, Senatorin, Abgeordnete und Schönheitskönigin. Letzteres ist ihr gelegentlich abträglich. Die männliche Phantasie vieler Besucher aus Europa und den USA sieht in der Filipina überwiegend das Go-go-Girl auf den Amüsiermeilen von Manila. Aber in vielen Familien ist sie die Brotverdienerin. Ob nun als Prostituierte – Armut hat bekanntlich ihre eigene Moral – oder als eine von vielen hunderttausend Filipinas, die in Übersee arbeiten: als Krankenschwestern und Ärztinnen, Hausmädchen und Lehrerinnen, Tänzerinnen und Botschafterinnen. Wenn die Filipina allerdings ein Bankkonto eröffnen oder einen Staubsauger kaufen will, muß sie erst ihren Ehemann fragen.

Jeepney

Dies ist das wichtigste Personenbeförderungsmittel auf den Philippinen. Ein Jeepney war vor dreißig, vierzig oder fünfzig Jahren noch ein Jeep in den Diensten der amerikanischen Streitkräfte. Irgendwann hatte er ausgedient und sollte verschrottet werden. Da bemalten ihn die Filipinos mit romantischen Alpenlandschaften und anzüglichen Nachtclubszenen. Dieses lustige Vehikel, das sich heute Jeepney nennt und Personen (bis zu 25 und mehr) befördern darf, ist ein Sammeltaxi besonderer Art. An der Frontseite ist das Fahrtziel angegeben. Wer will, kann beliebig ein- und aussteigen, man muß sich nur bemerkbar machen. Bezahlt wird beim Aussteigen, nach zurückgelegten Kilometern (mindestens 1,50 philippinische Pesos für die ersten vier Kilometer).

Kirche

Die Schwerter der Conquistadores haben den Weg geebnet, und die Padres waren ihnen nachgefolgt. Heute sind 80 Prozent der Bevölkerung Katholiken. Im Glauben hat der Filipino die koloniale Ausbeutung ertragen, stets mit Blick auf das Jenseits, in dem sich dann die Armut in Milch und Honig verwandelt. Mit Gebeten ist er gegen die Panzer des Diktators Ferdinand E. Marcos in den Kampf gezogen. Es gibt nur wenig im Leben eines Filipinos, was er ohne die Kirche tut. Die Kirche wacht nicht nur über die Seelen ihrer Schäfchen, sie steht auch mit beiden Beinen fest in den Korridoren der Macht. Mit 5500 Priestern sowie einem Heer von Ordensbrüdern und Nonnen ist sie die einflußreichste politische Kraft im Land, die Regierungen krönen und wieder zu Fall bringen kann.

Malerei, Musik, Theater

Die Filipino Academy of Painting wurde bereits im Jahr 1821 gegründet. Zunächst war die philippinische Malerei stark vom spanischen Stil geprägt. Das änderte sich dann erst zu Beginn des 20. Jahrhunderts. Unter dem amerikanischen Einfluß begann die philippinische Kunstszene zu experimentieren. Heute zeigt sie eine Vielfalt von teilweise sehr provokativen Ausdrucksformen. Unter den zeitgenössischen Malern haben sich Jose Joya, Vicente Manansala und Carlos Francisco einen internationalen Namen erworben. In ihren Werken verknüpfen sie folkloristische Inhalte mit westlichen Ausdrucksmitteln.

Die philippinische Musiklandschaft ist schon lange keine reine Kopie westlicher, sprich amerikanischer, Vorbilder mehr. Mit einem starken Gefühl für Rhythmus und Melodie hat die philippinische Musikszene ihren eigenen Weg gefunden. Ein Hang zum Romantischen ist unüberhörbar. Philippinische Musiker sind ein Exportartikel, der in alle Welt geht. Internationalen Ruf hat der Liedermacher Freddie Aguilar erworben. Seine Ballade »Bayan Ko«, in der er die Tugenden der Filipinos besingt, wurde zum Leitlied der Anti-Marcos-Bewegung. Aguilar singt regelmäßig im *Hobbit House* an der A. Mabini Street in Malate, einem Stadtteil von Manila.

Das Theater hat auf den Philippinen viele Formen. Klassisches westliches Theater, Musicals und Ballett werden regelmäßig im Cultural Center of the Philippines aufgeführt. Dynamischer sind jedoch die vielen Ergebnisse des Experimentiertheaters. Dabei greifen die Filipinos auf traditionelle vorchristliche Rituale und spanische Dramen zurück sowie auf liturgische Formen. Daraus entsteht politisches Theater, sozialkritisches Theater, Protesttheater.

Marcos

Ferdinand Edralin Marcos war von 1965 bis 1986 Präsident der Philippinen, 15 Jahre davon unter Kriegsrecht. Geboren wurde Marcos am 11. September 1917 in Sarrat in der Provinz Ilocos Norte. Als Guerillakämpfer gegen die japanische Besatzung im Zweiten Weltkrieg machte sich der Jurist einen Namen, und damit begann seine politische Karriere. 1965 und 1969 wurde er dann zum Präsidenten gewählt. Die Verfassungsbarriere, die ihm eine dritte Kandidatur untersagte, umging Marcos, indem er 1972 das Kriegsrecht über die Philippinen verhängte. Unter Marcos entwickelte sich die Nation zum Selbstbedienungsladen des Marcos-Clans und seiner *Cronys.* Als der Diktator im Februar 1986 in der Revolution der People's Power gestürzt und nach Hawaii ins Exil getrieben wurde, hatten er und seine Sippe die Nation um zehn Milliarden US-Dollar geplündert. 25 Quadratmeter bedeckte allein die Perlensammlung der First Lady, Imelda Marcos-Rumualdez, und in ihrem Boudoir standen 3000 Paar Designerschuhe. Im Guinness Book of Records gelten die Marcos seither als die »größten Diebe der Welt«.

Massenmedien

250 Rundfunkanstalten, meist nur mit lokaler Reichweite, und ein knappes Dutzend Fernsehkanäle dürfen auf den Philippinen senden. Überwiegend produzieren sie Unterhaltung nach amerikanischem Vorbild. Aus diesem Einheitsbrei ragt Radio Veritas heraus, der Sender der Konferenz der asiatischen katholischen Bischöfe. Radio Veritas spielte eine wichtige Rolle bei der Mobilisierung der People's Power im Februar 1986. Der Sender rief zur Revolution der Massen gegen die Marcos-Diktatur auf. Als unbestechliche Stimme der Wahrheit ist sich der Sender auch heute treu geblieben. Die philippinische Presse ist neben der Indiens die freieste Presse Asiens. Während der Marcos-Ära war ihr ein Maulkorb verpaßt worden, den sie jedoch immer wieder mutig abgeschüttelt hatte. Heute darf sie wieder mit spitzer Feder schreiben, Klatsch und Kampfeslust präsentieren.

Moro

So nannten die Spanier abwertend die philippinischen Muslime im Süden des Archipels. Jene hatten der spanischen Kolonialisierung erfolgreich Widerstand geleistet und sind so der Christianisierung entgangen. Der Islam kam bereits im 12. Jh. auf die Philippinen und breitete sich bis nach Manila aus, dem damaligen Maynilad. Hier traf der spanische Eroberer Miguel López de Legaspi 1571 auf die Truppen des Rajah Soliman und eroberte Manila und damit die Vorherrschaft. Etwa fünf Millionen Muslime leben heute auf den Philippinen. Sie haben weite Gebiete ihres Stammlandes, Mindanao und die Sulu-Inseln, an christliche Siedler aus dem übervölkerten Norden verloren. Zu Beginn der siebziger Jahre gründete Nur Misuari, ein junger muslimischer Jurastudent, die Moro National Liberation Front MNLF, die Nationale Freiheitsfront der Moro. Seither führen die Moro einen bewaffneten Kampf um einen autonomen Moro-Staat. In den jüngsten Friedensgesprächen mit der Regierung in Manila zeichnet sich ein Kompromiß ab. Die Moro sind bereit, für eine begrenzte Autonomie in sieben Provinzen die Waffen niederzulegen.

Politik

Die Philippinen sind eine Präsidialdemokratie nach amerikanischem Vorbild. Der Kongreß besteht aus zwei Kammern, dem Abgeordnetenhaus und dem Senat. Alle drei Jahre werden 200 Abgeordnete des Unterhauses gewählt, weitere 50 werden vom Präsidenten und den gesellschaftlich relevanten Gruppierungen ernannt. Diese kurze Legislaturperiode schafft eine ständige Wahlkampfatmosphäre. Die eigentliche Macht im Kongreß liegt somit im Oberhaus bei den 24 direkt und wie der Präsident

Reis: Sattmacher und kulinarische Grundlage für ganz Asien

auf sechs Jahre gewählten Senatoren. Nach amerikanischem Vorbild verfügt der Präsident zwar über einen großen Entscheidungsspielraum; da er aber nach der Verfassung nicht für eine zweite Amtsperiode gewählt werden darf, ist die Planung in die Zukunft meist kurzlebig. Die politischen Parteien spielen eine eher untergeordnete Rolle. Personen sind wichtiger als Inhalte oder gar Ideologien. Politiker wird, wer sich mit Geld ein populäres Image schaffen kann. Es sind denn auch in erster Linie wirtschaftliche Interessen, die die Politik kontrollieren. Diese Interessen gehen quer durch die Parteien. Die Grenzen zwischen Regierungslager und Opposition sind daher stark fließend.

Reisterrassen

Bereits vor 2000 Jahren haben altmalaiische Völker, die Bontoc, Kalinga, Ifugao, Isneg und andere, ihre kunstvollen Reisterrassen in die steile Bergwelt von Nordluzon gegraben – Kunstwerke der Bewässerungstechnik, die von der Unesco zum Weltkulturerbe erklärt wurden. Bis zu 2700 Meter steigen die Hänge hier in die Höhe, und bis in 1700 Meter Höhe werden sie landwirtschaftlich genutzt. Die Menschen, die die Reisterrassen bearbeiten, diese Minderheitenvölker, die sich weder hispanisieren noch amerikanisieren ließen, halten Distanz zu den Talbewohnern. Sie sprechen ihre eigene Sprache und sind zum Teil noch Animisten, die an zahlreiche Naturgeister glauben.

Sprache

Nach der Verfassung von 1937 ist die philippinische Nationalsprache Pilipino oder Filipino. Grundlage des Pilipino ist das Tagalog, das auf der Insel Luzon, mit Manila im Mittelpunkt, gesprochen wird. Über dieses politische Machtzentrum der Philippinen hinaus hat sich das Pilipino jedoch nicht als Umgangssprache durchgesetzt. Die Minderheitenvölker sprechen ihre eigenen Sprachen, die mit Tagalog nicht verwandt sind. Auf der Inselgruppe der Visayas beispielsweise wird Cebuano oder Visayan gesprochen. Das von den frühen Eroberern mitgebrachte Spanisch ist im Lauf der Zeit bedeutungslos geworden. Somit kommt heute dem Englischen als »lingua franca« eine bestimmende Rolle zu. Oft werden die Sprachen jedoch einfach zusammengeworfen: ein paar Worte Tagalog und ein Fetzen Englisch. Das nennt sich dann Taglish.

Tasaday

Sie sind ein sensationeller philippinischer »Steinzeitschwindel«. 1971 wurden sie entdeckt: knapp zwei Dutzend Menschen eines angeblich unerforschten Steinzeitvolkes, das noch in Höhlen lebt. Man benannte sie nach dem Berg in der Provinz Süd-Cotabatu, wo man sie gefunden hatte. Ein eitler Minister, zuständig für Minderheitenvölker, lud Völkerkundler aus aller Welt ein; Bücher wurden verfaßt. Bis der österreichische Journalist Oswald Iten 1986 den Schwindel im Dienst der Tourismuswerbung aufdeckte. Das »Steinzeitvolk« war zum werbeträchtigen Vorzeigen unter benachbarten Stämmen vorher rekrutiert und dann als solches inszeniert worden. Heute machen sich die Tasaday nur noch für die Kameras von Touristen auf Steinzeit zurecht.

Tondo

So heißt der Stadtteil im Hafenviertel von Manila. Tondo ist aber auch ein Synonym für den Slumgürtel, der die philippinische Hauptstadt umgibt. Und schließlich ist Tondo selbst der größte Slum Asiens. Hier lebt ein Drit-

Faszinierende Einblicke für mutige Besteiger – der Taal-Vulkan

tel der Bevölkerung von Manila, zwischen drei und vier Millionen Menschen, in Hütten aus Kistenbrettern und Pappkartons. Und alljährlich wachsen die Armenviertel von Manila um weitere 300 000 Migranten, die vor der Armut auf dem Land in die Hauptstadt fliehen.

Vulkane

Die Philippinen liegen in jenem Teil des hinterindischen Bogens, der im Erdinnern noch nicht zur Ruhe gekommen ist. 52 feuerspeiende Berge gibt es, davon sind rund ein Dutzend noch aktiv. Der erloschene Vulkan Mount Apo auf Mindanao ist mit 2954 Metern der höchste Berg der Philippinen. Der Mount Mayon im südöstlichen Luzon hat zuletzt 1984 Lava aus seinen 2462 Metern Höhe ausgespuckt. 1991 dann explodierte nach 500 Jahren Ruhe der Mount Pinatubo im Norden von Luzon und deckte mit seinem Eruptivgestein und seiner Asche weite Teile der Provinz Pampanga zu. Die Folge: Zahllose Dörfer wurden begraben, über 1000 Menschen starben, Hunderttausende wurden obdachlos.

Wunderheiler

Wunder sind des Filipinos liebste Kinder. Er sucht sie in einem halben Hundert wundertätiger Marienschreine, die die katholische Kirche der Philippinen gesegnet hat, und er sucht sie bei Wunderheilern, wenn die Kunst der wissenschaftlichen Medizin versagt. Hunderte, Männer und Frauen, gibt es, die behaupten, mit spirituellen Kräften Wunderheilungen vollbringen zu können. Da reißt ein Darübergleiten mit dem Daumen angeblich den Leib auf, mit bloßer Hand werden kranke Organe entfernt, die aufgelegte Hand schließt die Wunde, und es bleibt keine Narbe zurück. Massage und Akupressur gehören ebenso zu den Werkzeugen der Wunderheiler wie die endlosen Litaneien des Rosenkranzes. Geister werden ausgetrieben und Heilige beschworen. Der Zyniker tut das alles als Hokuspokus ab, doch viele ziehen es vor, an Wunder zu glauben. Aus aller Welt kommen die Kranken und Sterbenden, und was sich da oft zwischen Himmel und dem menschlichen Verstand abspielt, läßt sich mit Logik nicht mehr erklären. Auskünfte erteilen die Inner Mind Development Institute Seminars *(Prince Plaza Condominium, Dela Rosa St., Makati City, Tel. 2/892 68 06)*.

Zucker

Dieser Stoff ist der Philippinen süße Last. Mit Zucker haben die Großgrundbesitzer, die Zuckerbarone, unvorstellbare Reichtümer angehäuft. Der Zucker und die Gier der Hazienderos nach Land haben jedoch Hunderttausende von Bauern um ihre kleinen Felder gebracht. Sie sind heute Sacadas, landlose Landarbeiter, die für den Großgrundbesitzer Frondienste leisten. Inzwischen liegt der Weltmarktpreis für Zucker unterhalb der Rentabilitätsgrenze. Der Anbau lohnt sich zwar nicht mehr; um jedoch zu verhindern, daß Brachland nach dem Agrarreformgesetz zur Umverteilung enteignet wird, pflanzen die Hazienderos weiterhin Zuckerrohr an. Für die Sacadas gibt es jedoch nichts mehr zu ernten.

Halo-halo und lapu-lapu

Die philippinische Küche ist ein Potpourri der Kulturen, eine Begegnung von Ost und West

Um gleich mit der Tür ins Haus zu fallen: Die philippinische Küche weckt keine kulinarische Wollust. Die Begegnung mit allzu vielen Kulturen ist ihr nicht gut bekommen. Die Rede ist hier nicht von den Küchen der internationalen Hotels. Dort werden alle Facetten Asiens und der westlichen Hemisphäre serviert. Gemeint ist die indigene Küche. Sie ist dem Potpourri der Völker nachempfunden, die den Filipino entstehen ließen: eine Prise malaiischer Genealogie, 300 Jahre Spanien und 50 Jahre Hollywood, gewürzt mit chinesischen Einwanderern und Spuren südostasiatischer Seefahrer. Das Ergebnis ist fade, etwa so wie die Vermählung der Paella mit einem Hamburger. Lediglich dort, wo das chinesisch-malaiische Erbe noch nicht ganz so beherrschend zugedeckt ist, meist in den Provinzen, brodelt in den Töpfen die eine oder andere Überraschung.

Reis ist das Grundnahrungsmittel der Filipinos. Der Filipino braucht ihn, um satt zu werden. Reis, so wie wir ihn heute kennen, wurde auf den Philippinen erfunden, in Los Baños, in den Labors des International Rice Research Institute. Ohne die Hochertragssorten von den Philippinen würde ganz Asien heute hungern. Reis ist die kulinarische Kulisse, vor deren Hintergrund alle anderen Speisen der philippinischen Küche erst zur Geltung kommen. Reis mit Fisch beispielsweise, Fische aus den Flüssen und dem Meer, gedämpft, gebraten, gegrillt oder fritiert. Fisch in Kokosmilch gesotten oder marinierter Fisch im Bananenblatt. Zum Festessen wird Fisch, wenn es sich um *lapu-lapu* handelt, den edelsten der Seefische aus den Gewässern des philippinischen Archipels. Sein Fleisch – gedämpft oder gebacken – schmeckt süß, ist zart, aber fest. Roh, in einer Essigtunke mariniert, mögen die Filipinos ihr Seegetier am liebsten. Auch zu einer süßsauren Suppe, *sinigang*, ist Fisch der ideale Begleiter.

Das Gemüse kommt aus Ilocos im kühleren, gebirgigen Norden von Luzon. Ein alltägliches

Unwiderstehlich ist die knusprige Haut eines über Holzkohle gegarten Schweins

Gemüse ist *kangkong*, eine Art spitzblättriger Spinat. Die Aubergine ist auf den Philippinen beheimatet, ebenso wie *kailan* aus der Familie des Brokkoli. Köstliche Salate lassen sich aus dem Herz der Kokospalme zubereiten, eingelegt in den Saft der Kokosnuß. Diese ist auch Bestandteil vieler Nachspeisen.

Die Nationalspeise der Filipinos ist *adobo*, geschmortes Schweinefleisch vom Bauch und der Schulter, gelegentlich auch mit Huhn zubereitet, leicht gesäuert mit Soyasoße und mit großen Mengen Knoblauch gewürzt. Zu einem Festessen aus bedeutendem Anlaß gehört unbedingt *lechon*, ein ganzes Spanferkel, das am Spieß langsam über einem Holzkohlebett gegart wird. Der leckerste Teil ist die knusprige Haut. In vornehmeren philippinischen Restaurants steht *lechon* auch außerhalb festlicher Anläße auf der Speisekarte. Wenn Sie miterleben wollen, wie der *lechon* sein braunes Kleid bekommt, gehen Sie in die Calavite Street in Manila. Dort stehen die Holzkohlegrills.

Die philippinischen Nachspeisen werden überwiegend aus Reismehl, Kokosnuß und Zucker gemacht. Daraus lassen sich vielfältige Puddings und Küchlein zubereiten. Die Lieblingsnascherei von jung und alt ist jedoch *halo-halo*. Dieser Mischmasch – denn das bedeutet der Name – besteht aus einem Bett von geraspeltem Eis mit gehackten Nüssen, Haferflocken, süßem Mais oder süßen roten Bohnen, Früchten der Saison wie Mangos, Bananen oder Papaya; darüber gießt man eingedickte Kokosmilch oder gezuckerte Kondensmilch. Die Obstgärten der Philippinen sind überhaupt so üppig wie die Tropen selbst. Hier wachsen die besten Mangos Südostasiens, Guavafrüchte, Rambutan und die penetrant riechende, aber köstlich schmeckende Durian, von Uneingeweihten Stinkfrucht genannt.

Eine philippinische Delikatesse ist *balut*, ein gekochtes, angebrütetes Entenei, das von vielen Straßenverkäufern angeboten wird. Empfindlichen Touristenmägen sei jedoch davon abgeraten.

Tropische Früchte und als Krönung die Durian

Eine Frucht zwischen Himmel und Hölle – so bezeichnen manche die Durian, deren Fruchtfleisch auffällt durch den penetranten Geruch und den köstlichen Geschmack. So groß wie ein Fußball kann sie werden, und sie wiegt bis zu drei Kilogramm.
Und als hätte die Natur sie nur für Mutige und Geduldige vorgesehen, stattete sie die Durian mit gefährlichen Stacheln und einer harten Schale aus. Hat man sich einmal durch die »Stinkfrucht« hindurchgearbeitet, findet man pflaumengroße Kerne, die von dem cremigen Fruchtfleisch umgeben sind, das die Köstlichkeit dieser Frucht darstellt. Nase zu und probieren! Wer sich nicht traut, der findet auf den Märkten sowohl gut riechende wie köstlich schmeckende tropische Früchte: frisch geerntete Mangos, Guavafrüchte und Papayas.

Märkte, auf denen die Einheimischen ihre frisch geernteten Produkte anbieten, sind mittlerweile zu einer Touristenattraktion geworden

Die Filipinos sind nach den Deutschen und den Australiern die eifrigsten Bierkonsumenten der Welt, und ihr »San Miguel« ist auch unter Kennern ein sehr beliebtes Bier. Ansonsten wird zum Essen häufig nur Wasser getrunken, das in den Restaurants in den Städten keimfrei serviert wird. In ländlichen Regionen sollten Sie aber darauf achten, daß das Wasser abgekocht ist. Ein Gläschen *lambanog*, ein potenter Schnaps, aus der Kokosnuß gebraut, ist ebenfalls bei Einheimischen beliebt. Bei den Bergvölkern im Norden von Luzon wird man gelegentlich zu einem Reisschnaps eingeladen, einem süffigen Gebräu mit nachhaltiger Wirkung.

Philippinen-Neulingen seien die *turo-turos* empfohlen, eine Art Schnellrestaurant, in dem man von einem reichhaltigen Buffet wählen kann. Ausschließlich traditionelle Provinzküche servieren die *kamayan*. In diesen Restaurants ißt man mit den Händen direkt von Bananenblättern. Übrigens: Die *merienda*, ein Nachmittagssnack, ist dem Filipino heilig. Ein guter Querschnitt durch die philippinische Küche hat sich in dem Viereck *United Nations Avenue*, *M. H. del Pilar*, *Mabini Road* und *Remedios Circle* von Manila angesiedelt. Wer dem Lärm des verkehrsreichen Manilas ausweichen will, findet in Quezon City, 30 Minuten außerhalb, ebenfalls viele gute Restaurants. Sie befinden sich hauptsächlich in der *West Avenue* und der *T. Morato Avenue.*

Kunsthandwerk und Designermode

Die dekorativsten Souvenirs kommen aus den Werkstätten der Eingeborenenvölker

Die philippinische Regierung hat der Pflege des Kunsthandwerks als einem bedeutenden Exportprodukt große Aufmerksamkeit gewidmet. Entsprechend vielseitig und von ausgesuchter Qualität ist auch das Angebot. Dekorative Mitbringsel für zu Hause sind die Götter- und Geisterfiguren der verschiedenen animistischen Völker. Fast alle Eingeborenenvölker flechten Vorratsbehältnisse aus gespleißtem Bambus, Palmblättern oder Rattan. Im Design und den Mustern sind sie sehr unterschiedlich.

Viele Gegenstände werden auch als Antiquität verkauft. Doch oft handelt es sich um geschickte Fälschungen. Teure Objekte sollte man nur mit einem Kenner zusammen kaufen. Das gilt auch für chinesisches Porzellan in den zahlreichen Antiquitätenläden von Manila. Von sehr hoher Qualität ist die philippinische Textilindustrie. Bestickte Leinendecken und Servietten sind ebenso schöne wie praktische Mitbringsel. Empfehlenswert sind ebenfalls liebevoll bestickte Kaftans und Sommerkleider für Frauen und Kinder. Von der billigen Chemiefaser bis hin zur teuren Ananasfaser reicht das Material für den *barong*, ein Kleidungsstück, das auch als luftiges Sommerhemd zu Hause Eindruck macht.

Aus Muscheln und Schildpatt fertigt die philippinische Cottage-Industrie attraktive Gebrauchsgegenstände wie Schmuckkästchen, Lampenschirme, Untersetzer oder Servierplatten. Besonders schön sind die Tiffany-Lampen. Philippinische Schneider bieten Maßanzüge innerhalb von 24 Stunden an. Vor solchen Schnellschüssen sei gewarnt. Sie sind mit »heißen« Nadeln genäht und verlieren schnell ihre Form. Wer Zeit hat, sollte sich auf den Philippinen einen Anzug schneidern lassen.

Wer englischsprachige Literatur sucht, für den sind die Buchläden von Manila eine wahre Fundgrube. Aber auch der Griff zu den philippinischen Autoren ist zu empfehlen. Einige von ihnen, wie Nick Joaquin oder Francisco Sionil Jose, haben Weltruhm erlangt und wurden bereits in mehrere europäische Sprachen übersetzt.

Beliebtes Mitbringsel sind Korbwaren

Jahrmarkttrubel und Frömmigkeit

Im Leben der Filipinos ist jeder Tag eine Fiesta

Nirgendwo in Asien wird so häufig und so ausgelassen gefeiert wie auf den Philippinen. Überwiegend haben die Feste einen kirchlichen Hintergrund, in den sich oft vorchristliche Traditionen eingeschlichen haben. Manche *fiestas* sind lokal begrenzt, sind einem Heiligen gewidmet oder erinnern an einen historischen Anlaß. Einige Feste richten sich nach dem Mondkalender, sind also veränderlich. Der jeweils aktuelle Festkalender sollte unbedingt bei den Tourismusbehörden erfragt werden! An dieser Stelle kann wegen der großen Zahl an Festen nur eine kleine Auswahl der prominentesten aufgeführt werden.

OFFIZIELLE FEIERTAGE

Fällt ein offizieller Feiertag auf einen Sonntag, dann ist der darauffolgende Montag ebenfalls ein Feiertag.

1. Januar: *Neujahrstag*
Karfreitag: Prozession der Flagellanten und Passionsspiele. Einige Filipinos lassen sich ans Kreuz schlagen
Ostersonntag
9. April: *Bataan Day*
1. Mai: *Tag der Arbeit*
6. Mai: *Araw ng Kagitingan*, Feierlichkeiten im Fort Santiago zur Ehrung der Soldaten des Zweiten Weltkriegs
12. Juni: *Unabhängigkeitstag*, Paraden im Rizal-Park in Manila
24. Juni: *Manila-Tag*, Paraden und kulturelle Veranstaltungen
4. Juli: *Philippinisch-amerikanischer Freundschaftstag*
26. August: *Heldengedenktag* zur Erinnerung an die Revolution von 1896
1. November: *Allerheiligen*, Familien halten Gedenkwachen an den Gräbern
30. November: *Bonifacio-Tag* zur Erinnerung an den Widerstandskämpfer Andres Bonifacio
25. Dezember: *Weihnachten*
30. Dezember: *Rizal-Tag*, Gedenkfeiern im Rizal-Park in Manila

Farbenfrohes Ati-Atihan Festival

FESTIVALS UND LOKALE VERANSTALTUNGEN

Januar

Dreikönigs-Festspiele: Findet nur in *Santa Cruz* und *Gasan* auf Marinduque statt.

6. Januar

★ *Fest des Schwarzen Nazareners:* Von der Quiapo-Kirche im gleichnamigen Stadtteil von *Manila* aus wird eine Christusfigur in einer Barfußprozession der Männer durch den Distrikt getragen. *9. Januar*

Fiesta de Santo Niño, das Fest des Jesuskindes: In *Tondo,* einem Stadtteil von Manila, und in *Cebu City* wird in farbenfrohen Prozessionen der Jesusknabe verehrt. *3. Wochenende im Januar*

★ *Ati-Atihan:* Das bedeutende Fest in *Kalibo,* der Hauptstadt der Insel Panay, erinnert mit phantasievollen Maskenprozessionen an die friedliche Landnahme der ersten Malaien von der Insel Borneo im 13. Jh. auf Panay. Wird von vielen tausend Besuchern überschäumend gefeiert. Rechtzeitig Unterkunft reservieren! *3. Wochenende im Januar*

★ *Appey:* Anläßlich des Erntefestes der Eingeborenenvölker in *Bontoc,* der Hauptstadt der Mountain Province im Norden von Luzon, werden alte animistische Traditionen wiederbelebt. Ebenfalls im *Januar* findet in *Bontoc* das *Regentanz-Festival* statt.

Februar

Jahrestag der People's Power: Am 25. Februar 1986 kam es auf der Epifanio de los Santos Avenue in Manila zu einer Konfrontation zwischen dem Militär und der Bevölkerung, die dank der Befehlsverweigerung der Soldaten unblutig endete. In der Nacht zum 26. Februar flüchtete der Diktator Ferdinand Edralin Marcos ins Exil auf Hawaii. *22.–26. Februar*

Chinesisches Neujahrsfest: In der *Chinatown von Manila* wird der Wechsel der Tierkreiszeichen nach dem Zodiak-Kalender der Chinesen gefeiert. Chinatown ist geschmückt, und es finden viele kulturelle Veranstaltungen sowie Drachentänze statt.

MARCO POLO TIPS FÜR FESTE

1 Fest des Schwarzen Nazareners
Tausende von Katholiken begleiten eine lebensgroße Christusstatue aus schwarzem Holz (Seite 30)

2 Ati-Atihan auf Panay
Ein für Augen und Ohren spektakuläres Festival – drei Tage währt der Rausch (Seite 30)

3 Appey
Alte Traditionen werden wieder lebendig bei diesem Erntefest der Bergvölker (Seite 30)

4 Moriones Festival
Tiefe Frömmigkeit und grenzenlose Fröhlichkeit vereinen sich bei diesem Passionsspiel (Seite 31)

5 Fiesta Intramuros
Lebendiges Geschichtsbewußtsein und Religion – dieses Volksfest spiegelt die spanische Ära wider (Seite 31)

6 Allerheiligen
Es lohnt ein Besuch auf den Friedhöfen zur Totenwache mit Picknicks (Seite 31)

März/April

Passionswoche: Überall auf den Philippinen werden Passionsspiele aufgeführt.

★ *Moriones Festival:* In der Passionswoche werden die Städte *Boac, Gasan* und *Mogpog* auf Marinduque zu riesigen Freilichtbühnen. Höhepunkt des einwöchigen Festes ist die Kreuzigung Christi am *Karfreitag.*

April

Jeepney King Festival: Eine Parade von Jeepneys aus allen Ecken des Archipels, verbunden mit einer Ralley, hält *Manila* in Atem.

Mai

Santacruzan: Dieses Fest leitet überall auf den Philippinen eine ganze Serie von Marien-Verehrungen ein.

Moro-moros: In *San Dionisio* in Paranaque, einem Stadtteil von *Metro Manila,* wird mit traditionellen Theaterformen der Kampf zwischen Christen und Muslimen dargestellt.

Juni

Parada ng Lechon: Diese Fiesta ist dem König der Festtafel, dem *lechon* (einem am Spieß gegrillten ganzen Spanferkel), gewidmet. In der Stadt *Balayan* in der Provinz Batangas ist die Fiesta mit dem Fest für St. John verbunden. Aus diesem Anlaß zieht eine Parade von einigen Dutzend gerösteten Schweinen vor der Kirche auf. *24. Juni*

August

Gigantes: Fest der Riesen in *Lucban* in der Provinz Quezon. Am Tag des Festes stelzen vier Meter hohe *gigantes* aus Papiermaché in einer Prozession durch die Stadt. Die Figuren, in denen Menschen stecken, erinnern an das harte Tagewerk der Bauernfamilien und der Wasserbüffel.

Lesles- und *Fagfagto-Festival:* In *Bontoc* in der Mountain Province feiern die Bergvölker den Beginn der Pflanzzeit für den jungen Reis mit bunten traditionellen Riten.

Oktober

Maskara: Sieben Tage und Nächte dauert das Stadtfest von *Bacolod City* in der Provinz Negros Occidental auf der Insel Negros. Es gibt zahlreiche Maskenparaden und einen riesigen Jahrmarkt. *Am nächstliegenden Wochenende zum 19. Oktober*

November

★ *Allerheiligen* und *Allerseelen:* Die beiden aufeinanderfolgenden Festlichkeiten sind dem Gedenken der Toten gewidmet. Dann ziehen die Filipinos zu einer Totenwache an die Gräber ihrer Familien. Dennoch ein freudiges Ereignis, das mit einem Picknick gefeiert wird. *1. November*

Dezember

★ *Fiesta Intramuros:* Ein Volksfest mit Paraden und kulturellen Veranstaltungen zur Erinnerung an die spanische Kolonialzeit. Der religiöse Höhepunkt des Festes ist eine Prozession von zahlreichen Marienstatuen.

Laternenfest: In den *letzten drei Tagen vor Weihnachten* erstrahlt *San Fernando* in der Provinz Pampanga im Schein vieler tausend Laternen; zum Teil riesige Kunstwerke der Pyrotechnik, in die die einzelnen Stadtteile viel Geld und Erfahrung investieren.

Einmal rund um die Laguna

Ein Großstadtmoloch und sein Hinterland – atemberaubend und abwechslungsreich

Manila, das ist ein Angriff auf die fünf Sinne. Ein Moloch, der röhrt und dampft, dessen Staub man auf der Zunge schmeckt und der dem Auge keine einzige Minute Ruhe gönnt. Manila, das sind noble Wohnviertel wie der Forbes Park in Makati und die Slums von Tondo. Manila ist eine Stadt, in der Hunderte von barocken Kirchen und Tausende von notorischen Girlie-Bars ein unbefangenes Nebeneinander pflegen. Eigentlich ist Manila nur die Stadt an der Laguna de Bay, dem mondsichelförmigen Hafen. Über die Jahrhunderte hinweg ist sie an benachbarte Städte und Dörfer herangewachsen. In einem Dekret aus dem Jahr 1976 verfügte der damalige Präsident Ferdinand E. Marcos die politische Eingemeindung von 13 Vororten und Städten zu Metropolitan Manila, kurz Metro Manila (elf Millionen Einwohner). Manila steht zwar nicht für die Philippinen, aber in dieser Stadt atmet die Geschichte der Nation wie in einer Nußschale. Die Palisaden des alten Maynilad, hinter

Spanisches Ambiente in Manila

Hotel- und Restaurantpreise

Hotels
Kategorie 1: über 160 Dollar
Kategorie 2: bis 160 Dollar
Kategorie 3: bis 120 Dollar
Die Preise gelten für eine Person im Einzel- oder Doppelzimmerbelegung ohne Frühstück.

Restaurants
Kategorie 1: über 40 Dollar
Kategorie 2: bis 40 Dollar
Kategorie 3: bis 20 Dollar
Die Preise gelten für ein Essen mit Vor-, Haupt- und Nachspeise, aber ohne Getränke.

Wichtige Abkürzungen

Av.	Avenue	Rd.	Road
Bd.	Boulevard	St.	Street

denen bereits ab dem 5. Jh. n. Chr. muslimische Rajahs residierten, hat der Spanier Miguel Lopez de Legaspi 1571 eingeebnet. An der gleichen Stelle hat Lopez eine Festung errichtet, *El Insigne Y Siempre Leal Ciudad,* die ausgezeichnete und für immer loyale Stadt. Der Volksmund nannte sie schlicht »Intramuros«, die Stadt hinter den Mauern, die unter den geschickten Händen der Restaurateure wieder zu neuem Leben erwacht. Spanisch sind auch die vielen Plazas mit Kirchen und pompösen Patrizierhäusern. Die Amerikaner dann, die 1898 kamen, haben der inzwischen über Intramuros hinausgewachsenen Stadt das Regierungsviertel geschenkt, ebenfalls pompöse tempelähnliche Gebäude, Barock mit ein bißchen Akropolis. Heute ist Manila der politische, wirtschaftliche und kulturelle Mittelpunkt der Philippinen. Für den Touristen ist Metro Manila die wichtigste Stadt. In

MARCO POLO TIPS FÜR MANILA UND SÜDLUZON

1 Intramuros
Ein ungewöhnlicher Einblick in den kolonialen spanischen Städtebau (Seite 35)

2 Manila Metropolitan Cathedral
Viele Nationen haben beim Bau dieser Basilika mitgewirkt (Seite 36)

3 Nayong Pilipino
Dieses Folklore-Museum ist ein Muß für jeden eiligen Philippinenreisenden (Seite 37)

4 Metropolitan Museum
Umfassender Eindruck vom künstlerischen Schaffen einer ganzen Region (Seite 38)

5 Museo Ng Buhay Pilipino
Beeindruckende Dokumentation traditioneller Lebensformen (Seite 38)

6 Seafood Market
Ausgezeichnete philippinische Fischküche mit chinesischem Einschlag (Seite 39)

7 The Manila Hotel
Altes Kolonialhotel mit legendärem Charme und Luxus (Seite 40)

8 Hobbit House
Ein Pub, der prominente Liedermacher regelmäßig vorstellt (Seite 41)

9 Pagsanjan
Dichte Wälder und ein über 100 Meter hoher Wasserfall (Seite 42)

10 Taal Volcano
Ein aktiver Vulkan auf einer Insel und überaus gastfreundliche Fischerdörfer (Seite 43)

11 Mount Mayon
Der Vulkan bietet atemberaubende Ausblicke und Schätze aus Flora und Fauna (Seite 44)

ihr macht er seine ersten Erfahrungen mit den Menschen und der Geschichte der Philippinen.

METRO MANILA

☛ Stadtplan in der hinteren Umschlagklappe

(**108/B 1–2**) Die aus mehreren Städten, Vororten und Dörfern zusammengewachsene Großstadt Manila genießt ihr internationales Fluidum und wächst unverdrossen weiter. So entstehen neben den traditionellen Stadtteilen immer neue supermoderne Hochhausviertel. Dank seiner günstigen Verkehrslage ist Manila für fast jeden Besucher, der auf den Philippinen ankommt oder von dort abreist, ein selbstverständlicher Teil der Reiseroute. Nutzen Sie die Gelegenheit, eine ungewöhnliche Stadt kennenzulernen.

BESICHTIGUNGEN

Bambusorgel (**O**)
Dieses in der Welt einzigartige Instrument wurde 1824 geweiht. Der Aufbau der Orgel und wesentliche Teile des Pfeifenwerks wurden aus Bambus gefertigt. Das Instrument geriet dann jedoch in Vergessenheit. 1973 wurde die Bambusorgel in Deutschland restauriert. Jetzt finden in der Kirche Orgelkonzerte mit herausragenden Organisten aus aller Welt statt. Bedeutende Werke der klassischen Orgelmusik wurden bereits aufgenommen. *Las Pinas Church, im südl. Bezirk Paranaque, tgl. 9–18 Uhr*

Chinatown (**U/B 1**)
Im Stadtteil Binondo konzentriert sich die chinesische Minderheit von Manila. Die Geschäfte betreiben typische chinesische Gewerbe: Medizin- und Teeläden, Akupunktur und Massage, Kungfu-Schulen und Restaurants. Das eher bescheiden wirkende Äußere darf jedoch nicht darüber hinwegtäuschen, daß die chinesische Minderheit, zum großen Teil als Mestizos mit den eingeborenen Völkern verschmolzen, Wirtschaft und Finanzen des Landes kontrolliert. Binondo hat bereits viel von seinem alten Charme verloren. Die Architektur der alten kolonialen Häuser wird leider in zunehmendem Maße von phantasielosen Stahlbetonkästen verdrängt. *Binondo, Ongpin St.*

Chinesischer Friedhof (**O**)
Der Friedhof ist eine riesige Totenstadt, mit Häusern oder gar Palästen, mit Mercedes und Briefkasten und gelegentlich sogar einer Klimaanlage. An Allerheiligen kommen die Familien zur Totenwache auf den Friedhof, der dann sehr lebendig wird. *Sta. Cruz, Rizal Av./Rizal Av. Extention*

Intramuros (**U/B 2**)
★ Die »Stadt hinter der Mauer« ist ein Scherbenhaufen der Geschichte. Der amerikanische Bombenregen des Zweiten Weltkriegs und die japanische Besatzung haben nicht viel von der ehemaligen spanischen Festung übriggelassen. Doch inzwischen ist der größere Teil der alten Stadt sorgfältig restauriert worden. An der Stelle des alten Maynilad des Rajah Soliman steht heute die Ruine des *Fort Santiago* (**U/B 2**) *(tgl. 8–18 Uhr, Eintritt 40 P, Kinder 15 P),* das erste Bauwerk der spanischen Stadt nach der Eroberung

Die San Augustin Church glänzt mit Barock vom Feinsten

(1571). Im Zweiten Weltkrieg war das Fort Hauptquartier der japanischen Militärverwaltung. An Rajah Soliman *(Sulayman)* erinnert dort auch ein nach ihm benanntes *Freilichttheater,* das von jungen Theatermachern als Experimentierbühne genutzt wird. In einem restaurierten Gebäude des Forts ist das *Rizal Museum* untergebracht. Gezeigt werden Erinnerungsstücke, Fotos, Briefe und Schriften des philippinischen Freiheitshelden Dr. Jose Rizal *(tgl. 8–12 und 13 bis 17 Uhr, Eintritt: 5 P bzw. 40 P incl. Eintritt Fort Santiago).*

Direkt am Plaza Roma steht die ★ *Manila Metropolitan Cathedral* (**U/B 2**) (Basílica de la Inmaculata Concepción). Die erste Basilika der unbefleckten Empfängnis an dieser Stelle wurde bereits im Jahr 1571 aus Bambus errichtet. Die vierte Basilika wurde im Zweiten Weltkrieg zerstört. Der romaneske Neubau wurde zwischen 1954 und 1958 von dem philippinischen Architekten Ferdinand Ocampo erbaut. Die Heiligenstatuen an der Fassade und die Bronzetore am Haupteingang kommen aus italienischen Werkstätten. Das Bronzerelief am Hauptaltar wurde von dem deutschen Bildhauer Toni Fiedler angefertigt. Eine der größten Einzelleistungen beim Bau der Kathedrale sind die Glasfenster, auf denen der philippinische Künstler Galo Ocampo die Mariengeschichte erzählt.

Zu Fuß, von der Kathedrale über die General Luna St. zur Kreuzung Calle Real, kommt man zur *San Augustin Church* (**U/B 2**). Seit ihrer Erbauung um 1599 hat die Kirche sowohl alle Erdbeben überstanden als auch die Bombardierung von Intramuros im Jahr 1945. Architektonisch ist die Kirche bemerkenswert. Die Fassade ist eine Mischung von Stilen; da begegnen sich dorische und korinthische Säulen. Das schwere Eingangstor ist aus philippinischem Hartholz geschnitzt und zeigt symbolische Zeichen des Augustinerordens sowie Bildnisse des heiligen Augustinus und seiner Mutter. Das barocke Innere der Kirche wurde 1879 von italienischen Künstlern ausgemalt, Mönche des Augustinerklosters schnitzten das Chorgestühl. In der Seitenkapelle links vom Hauptaltar ist Miguel Lopez de Legaspi beigesetzt. Plündernde Briten hatten die Gebeine der Gruft durcheinandergebracht (1762). Daher steht Legaspis Name symbolisch für viele. Der Kirche angegliedert ist ein Museum mit Artefakten aus der Kirchengeschichte *(tgl. 9–17 Uhr, Eintritt: 45 P, Kinder und Studenten ermäßigt).*

Unter den restaurierten Gebäuden, ebenfalls an der General Luna St. gelegen, verdient die *Casa Manila* einen Besuch. Errichtet im 19. Jh., atmet das Haus die Wohlhabenheit des philippinischen Bürgertums. Die architektonischen Vorbilder standen in Kastilien; die Innenausstattung, Mobiliar und Bilder hat man sich aus den französischen Salons geborgt. In dem Gebäude befinden sich Kunsthandwerkgeschäfte sowie ein Restaurant *(Di–So 9–12 und 13–18 Uhr, Eintritt: 40 P, Kinder 35 P).*

Nayong Pilipino (U/D 6)

★ Auf 35 Hektar wurde ein »philippinisches Dorf« errichtet, das einen kulturellen Überblick über das Brauchtum der Völker und Landschaften der Philippinen gibt. Jedes Haus stellt die typische Bauweise einer Region dar. Täglich finden hier kulturelle Veranstaltungen statt. *Mo–Fr 9–18 Uhr, Sa und So 9–19 Uhr, Manila International Airport Rd./Pasay City*

Paco Park (U/C 2)

Ursprünglich (um 1820) ein spanischer Friedhof. Jose Rizal war nach seiner Exekution vorübergehend hier verscharrt worden. Heute ist der von einer Mauer umgebene Park eine beliebte Promenade. Freitags um 18 Uhr finden in dem Pavillon des Parks, vormals eine Kapelle, Konzerte statt *(tgl. 8–17 Uhr, Eintritt 5 P, Romualdez St.)*

Quiapo Church (U/B 1)

Die Kirche des schwarzen Nazareners erhielt ihren Namen von einem aus schwarzem Holz geschnitzten Christus, der ein Kreuz trägt. Die Skulptur wurde im 17. Jh. von Mexiko auf die Philippinen gebracht. Im Januar finden hier bekannte Prozessionen statt. Auf der Plaza Miranda, dem Platz vor der Kirche, haben Kräuterhändler ihre Stände aufgebaut und verkaufen Mischungen aus der traditionellen Haus-apotheke für alle nur denkbaren Krankheiten. *Quezon Bd./Quezon Bridge*

Rizal Park (U/B 2)

Diese Grünanlage mitten in Manila ist im Gedenken an den philippinischen Nationalhelden Jose Rizal benannt. Am Ende zum Roxas Bd. hin steht das Rizal Monument. Die Skulpturengruppe daneben ist der Mutter Pilipina geweiht. Im nördlichen Teil des Parks liegen der Japanese und Chinese Garden. Nicht weit davon das City Planetarium, in dem tagsüber audiovisuelle Vorführungen geboten werden. Der Rizal Park mit der Rizal Park Cafeteria, einer Einrichtung der Taubstummenhilfe, ist ein beliebter Treff für die Jugend. Begrenzt wird der Park durch den *Roxas Bd., Padre Burgos, T.M. Kalaw St. und M. Orosa St.*

Zoo von Manila (U/C 3)

Eine gepflegte Anlage, überwiegend mit Tieren aus Asien. Unmittelbar neben dem Zoo liegt der Botanische Garten.

Beide Anlagen sind bei der Bevölkerung sehr beliebt. *Tgl. 7–16 Uhr, Eintritt 6 P, Kinder 4 P, Harrison St.*

MUSEEN

Ateneo Art Gallery **(O)**
Die häufig wechselnde Präsentation gibt einen ausgezeichneten Überblick über die zeitgenössische Malerei auf den Philippinen. *Mo–Fr 13–17 Uhr, Sa 8–12 Uhr, Ateneo de Manila University, Loyola Heights, Quezon City*

Ayala Museum **(U/D 4)**
63 Dioramen führen durch die Geschichte der Philippinen, jedes einzelne eine gestaltete Szene aus einer bestimmten Epoche. Beispielsweise wird in einer Szene die Landung des amerikanischen Generals Douglas MacArthur an der Küste von Leyte dargestellt. *Di–Sa 8–18 Uhr, Eintritt: 40 P, Kinder: 15 P, mit Führung 70 P, Kinder 40 P, Makati Av., Makati*

CCP Art Gallery **(U/C 4)**
Die ständige Kunstausstellung des Cultural Center of the Philippines konzentriert sich auf die experimentierfreudige Avantgarde der philippinischen Malerei. *Mo–Sa 8–18 Uhr, Cultural Center Main Theater, Roxas Bd.*

Lopez Memorial Museum **(O)**
Gemäldesammlung von Felix Resurrección Hidalgo und Juan Luna, zwei herausragenden philippinischen Künstlern des 19. Jhs. Außerdem ist eine Auswahl von den vorsteinzeitlichen Ausgrabungen bei Caltagan zu sehen. *Mo–Fr 8.30–17, Sa 7.30–16 Uhr, Eintritt: 40 P, Kinder 30 P, Chronicle Building, Meralco Av., Pasig*

Metropolitan Museum **(U/C 3)**
★ Ausstellungen klassischer und zeitgenössischer Malerei aus Europa und den USA, aber auch aus den asiatischen Nachbarländern, sind regelmäßig zu Gast im Metropolitan. Für Kunstinteressierte werden fast täglich Vorträge arrangiert. *Mo–Sa 10–18 Uhr, Eintritt 50 P, Kinder 30 P, Central Bank Complex, Roxas Bd.*

Museo Ng Buhay Pilipino **(O)**
★ Eine Darstellung der Lebensformen und Traditionen christlicher Filipinos. Zu sehen sind unter anderem Werkzeuge, Haushaltsgeräte, Möbel und traditionelle Trachten. *Mo–Fr 9 bis 16 Uhr, Central Bank of the Philippines complex, Roxas Bd.*

Museo Ng Kalinangang Pilipino **(U/C 4)**
Eine der größten Keramiksammlungen Asiens mit Objekten aus China, Annam (Vietnam) und Siam (Thailand). Ebenfalls zu sehen sind Goldschmuck und Perlen von Ausgrabungen auf den Philippinen sowie eine völkerkundliche Abteilung der Maranao und Maguindanao auf Mindanao. *Tgl. 10–18 Uhr, Eintritt: 20 P, Cultural Center of the Philippines, Roxas Bd.*

National Museum **(U/B 2)**
Eine Ausstellung der vorgeschichtlichen Ausgrabungen auf den Philippinen. *Di–So 9–17 Uhr, Executive House, Padre Burgos St., Manila*

RESTAURANTS

Aristocrat **(U/B 3)**
Ein sehr populäres Restaurant mit guter philippinischer Haus-

mannskost. *432 San Andres St./Roxas Bd., Malate, Tel. 2/524 76 71, Kategorie 2–3*

Café Adriatico **(U/C 3)**
Beliebt bei Yuppies. Französische Küche, gute Weine. Liegt am sogenannten Kneipenkreisel, dem Remedios Circle. *1790 M. Adriatico, Malate, Tel. 2/525 25 09, Kategorie 2*

The Champagne Room **(U/B 2)**
Ein Nobelrestaurant mit Stil, feiner westlicher Küche und entsprechenden Preisen. Dafür sorgt die nicht minder noble Adresse. *Manila Hotel, Rizal Park, Tel. 2/527 00 11, Kategorie 1*

Kamayan **(U/F 1)**
Restaurant, in dem man auf philippinische Art ißt: mit den bloßen Händen. Die Gerichte werden auf Holzbrettern, die mit Bananenblättern belegt sind, serviert. Philippinischen Gesang gibt es gratis dazu. *EDSA, Greenhills, San Juan, Metro Manila, Tel. 2/724 46 10, Kategorie 2–3*

Moviola Café **(U/C 3)**
Gehobene philippinische, aber auch westliche Küche. Hier trifft sich die Jugend aus »besserem« Hause. *F. Agoncillo St., Malate, Tel. 2/521 01 17, Kategorie 2*

Nandau **(U/D 4)**
Populär bei den Geschäftsleuten Makatis. Sehr gute philippinische Küche, ein wenig verwestlicht. Greenbelt Shopping Center, *Legaspi St., Makati, Tel. 2/818 33 88, Kategorie 1–2*

Seafood Market **(U/F 1)**
★ Ein auch bei den Filipinos sehr beliebtes Restaurant mit frischem Meeresgetier, das man sich aus Aquarien fischen kann. Die Zubereitung ist philippinisch, aber mit einem chinesischen Einschlag. *Greenhills Shopping Center, Ortigas Av., Greenhills, Manila, Tel. 2/722 55 08, Kategorie 2*

EINKAUFEN

Für den Ortsfremden ist auf den Philippinen zunächst einmal alles teuer. Denn aus der Sicht der Armen sind Ferntouristen Superreiche, denen man das Geld aus der Tasche zu ziehen hat, wo es nur geht. Es gilt darum zu handeln, aber mit Stil und Respekt für den anderen. Allerweltsdinge findet man in den großen Kaufhäusern, allerdings zu Festpreisen. *Öffnungszeiten der Geschäfte: tgl. 10 bis 21 Uhr.*

Einkaufszentren, die eine große Auswahl an philippinischen Souvenirs führen, sind *SM Megamall* und *Shangrila Plaza,* beide im *Ortigas Center, Pasig City.* Weitere: *Rustan's Department Store* und *Ayala Center* in *Makati City.* Unter der *Quezon Bridge* **(U/B 1–2)** findet täglich ein Kunst- und Antiquitätenmarkt statt. *Tiangge ng Antik* **(U/B 2)** ist ein Antiquitätenmarkt mit großer Auswahl, guter Qualität und gehobenen Preisen. Wenn es das Wetter zuläßt, wird dieser Markt an jedem letzten Samstag im Monat abgehalten. *Puerto Real Gardens, Intramuros, Manila*

HOTELS

Es gibt in Manila eine große Auswahl an Hotels aller Kategorien, von der billigen, aber sauberen Travellerunterkunft bis hinauf zu den Luxushotels internationaler

Ketten. Die Travellerhotels und preiswerten Pensionen befinden sich hinter dem *Roxas Bd.*

Admiral Hotel **(U/B 3)**
Ein Touristenhotel mit einfachen Service-Leistungen, aber ordentlichen Zimmern und guter Lage zu den touristischen Sehenswürdigkeiten. Blick auf die Manila-Bucht. *200 Zi., 2138 Roxas Bd., Manila, Tel. 2/521 09 05, Fax 522 20 18, Kategorie 3*

The Manila Hotel **(U/B 2)**
★ Das Manila zählt zu den großen alten Damen der Kolonialhotels. Es hebt sich von den moderneren Luxushotels durch seinen besonderen baulichen Charme und sein großes Serviceangebot ab. Direkt am Touristengürtel. *400 Zi. und Suiten, 1 Rizal Park, Manila, Tel. 2/527 00 11, Fax 527 00 22, Kategorie 1*

Manila Midtown Hotel **(U/C 3)**
Ein gutes Mittelklassehotel mit ausreichenden Serviceleistungen, mitten im Touristengürtel gelegen. Die meisten Sehenswürdigkeiten sind bequem zu Fuß zu erreichen. *320 Zi., Pedro Gil St./ Adriatico St., Ermita, Tel. 2/526 70 01, Fax 522 26 29, Kategorie 2*

Shangri-La Hotel **(U/D–E 4)**
Liegt im Geschäftszentrum von Manila und zählt zu den Spitzenhotels in Asien mit allen Einrichtungen, die vor allem Geschäftsreisende für unverzichtbar halten. *350 Zi. und Suiten, Ayala Av./Makati Av., Makati, Tel. 2/813 88 88, Fax 813 54 99, Kategorie 1*

SPIEL UND SPORT

Golf
Manila ist die Golf-Metropole Asiens. Die Stadt selbst verfügt

Das Manila Hotel rühmt sich der größten Lobby der Welt

über elf Golfplätze, die dem internationalen Standard voll gerecht werden. Populär ist der Golfplatz vor den Mauern von Intramuros an der *Padre Burgos* (**U/B 2**). Gäste sind willkommen, und die Ausrüstung kann gemietet werden. Den höchsten Standard bieten der *Wack Wack Golf and Country Club, Shaw Bd., Mandaluyong, Tel. 2/723 06 65; Capitol Hills Golf Club, Old Balara Rd., Quezon City, Tel. 2/931 30 50, Fax 931 93 43*

Jai Alai Fronton (**U/B 2**)
In dieser Arena wird ein philippinischer Volkssport ausgetragen: *Jai Alai*. Gespielt wird mit einem Hartball, der mit einem geflochtenen Fangkorb, ähnlich wie beim Squash, geschlagen wird. *Taft Av., gegenüber Rizal Park*

Tennis
Makati Sports Club, Salcedo Village, Makati, Tel. 2/895 99 86; Metropolitan Club, Estrella St., Makati, Tel. 2/85 99 86; Quezon City Sports Club, E. Rodriguez Senior Bd., Quezon City, Tel. 2/721 11 88

AM ABEND

Manila ist eine kulturell lebendige Stadt. Der Veranstaltungskalender in den Tageszeitungen weist stets auf alle wichtigen kulturellen Ereignisse (wie Theater, Opern, Konzerte, Ausstellungen, Feste) hin. Auskunft erteilt auch die Tourismusbehörde. Ansonsten bietet die Stadt ein reges Nachtleben. Fast alle internationalen Hotels haben Nachtclubs und Diskotheken. Versuchen Sie *Zu*, im Mataki Shangri-La Hotel, Treff der Film- und Showstars, *Ayala Av., Makati City*, oder *Mars,* Pasay Rd., Makati City. Ein Treff für junge Leute sind die Pubs am *Remedios Circle*, die *Library* beispielsweise, eine beliebte Szenekneipe mit kabarettistischem Ambiente. Studenten und andere Leute bis 30 treffen sich auch im Hard Rock Café im Glorietta III, Makati City. Populär ist das ★ *Hobbit House*. Hier singt regelmäßig der prominente philippinische Liedermacher Freddi Aguilar. *1801 A. Mabini, Ermita, Manila, Tel. 2/521 76 04*

Noch ein wichtiger Hinweis: Die Kleiderordnung auf den Philippinen ist nicht so lässig, wie man das in Europa gewohnt sein mag. Es empfiehlt sich, vorher Erkundigungen einzuholen!

AUSKUNFT

Department of Tourism (**U/B 2**)
Department of Tourism Building, T. M. Kalaw St., Rizal Park, Manila, Tel. 2/524 23 45 und 524 65 66 (24h), Fax 524 83 21

Tourist Assistance Unit
Sie ist 24 Stunden dienstbereit, um Touristen mit Problemen zur Seite zu stehen. *Tel. 2/524 16 60 und 524 17 28, Fax 524 17 03, nach TAU fragen*

ZIELE IN DER UMGEBUNG

Antipolo (**108/B 1**)
Wenige Stunden östlich von Manila, in der Provinz Rizal, residiert die »Heilige Jungfrau des Friedens und der gesegneten Reise«. Diese aus schwarzem Holz geschnitzte Marienfigur kam um 1626 aus Mexiko. Sie steht im Schrein von Nuestra Señora in den Hügeln bei Antipolo und ist vor allem im Mai ein stark

besuchter Wallfahrtsort. Auf dem Weg nach Antipolo lohnt sich ein Besuch in der Künstlerkolonie von *Agono*. Wenige Minuten östlich von Antipolo, in *Morong*, steht eine schöne Barockkirche.

Corregidor **(108/A 2)**
Die Filipinos nennen die Insel am Eingang der Manila Bay schlicht »den Felsen«. Doch hier schlug eine der schwersten Schicksalsstunden der Nation. Auf Corregidor mußten die amerikanischen Streitkräfte und ihre philippinischen Alliierten 1942 vor der Übermacht der japanischen Eroberer kapitulieren. Tunnel durchziehen »den Felsen«, in denen die Verteidiger ausharrten. Zu sehen sind heute die Ruinen der Verteidigungsanlagen und der eineinhalb Kilometer lange Malinta-Tunnel, ehemals das Hauptquartier des Generals Douglas MacArthur. Hier sprach der Oberkommandierende der Pazifikstreitkräfte die historischen Worte: »I shall return – ich werde wiederkommen.« Corregidor kann man mit einer Halbtagestour mit dem Schiff vom Clipper Landing, neben dem Manila Hotel, aus besuchen. Auf der Insel gibt es ein Hotel und Restaurants.

Hidden Valley **(108/B 2)**
Eine bequeme Tagestour von Manila führt zu den in einem romantischen Tal gelegenen Quellen von *Alaminos* zu Füßen des erloschenen Makiling-Vulkans. Von hier aus kann man Dschungeltrecks unternehmen oder einfach nur in den Quellen baden. Übernachten kann man im *Hidden Valley Resort, Alaminos, Laguna, Tel. 2/818 40 34, Kategorie 2–3*

Der Pagsanjan-Fluß überwindet eindrucksvoll natürliche Grenzen

Pagsanjan **(108/B 2)**
★ Bis zu dem gleichnamigen Fluß sind es mit dem Auto ab Manila zwei Stunden Fahrt. Eine besondere Attraktion ist das Wildwasser-Rafting. Die abenteuerliche Bootsfahrt flußaufwärts führt durch dichte Wälder zu den Wasserfällen von Pagsanjan, die hier mehr als 100 Meter über eine senkrechte Felswand in die Tiefe stürzen. Essen und übernachten kann man im *Pagsanjan Rapids Hotel, General Taino St., Pagsanjan, Tel. 49/808 41 80. Fax 833 86 40, Kategorie 3*

Strandresorts **(108/A-B 2-3)**
In einem Umkreis von wenigen Stunden lassen sich von Manila aus einige Strand- und Wassersport-Resorts erreichen. Das *Anilao Seasport Center* ist ein Paradies für Taucher und solche, die es werden wollen. Es werden auch alle anderen Wassersportarten angeboten. Das Resort besitzt auch eigene Segelyachten: *Mabini, Batangas, Tel. 2/801 18 50, Kategorie 2–3.* Der *Maya Maya Reef Club* liegt drei Stunden von Manila entfernt in *Nasugbu* in der Provinz Batangas. Übernachtung im *Maya Maya Reef Club, Nasugbu, Batangas, Tel. 2/810 68 65, Kategorie 2.* Das *Puerto Azul Resort* ist ein Hotel-Resort in der Provinz Cavite. Man kann hier am Strand liegen, Golf spielen auf einem der besten Plätze auf den Philippinen oder nachtbummeln in der Stadt *Puerto Azul. Ternate, Cavite, Tel. 2/ 525 92 40, Kategorie 1–2.* Das *Punta Baluarte Resort* liegt in der Provinz Batangas, nahe *Calatagan.* Es zählt zu den schönsten Resorts und Taucherparadiesen auf den Philippinen. Die Unterkünfte reichen von der einfachen, mit Nipapalmen gedeckten Hütte bis zum Luxusbungalow. Das Resort ist auf eine Vielzahl von Sportarten eingestellt, u. a. Golf, Wassersport, Polo, Tennis, Billard usw. *Calatagan, Batangas, Tel. 2/ 892 42 02, Kategorie 1–2*

Taal Volcano **(108/B 2-3)**
★ Nur eine Autostunde südlich von Manila liegt auf einer Insel mitten in dem türkisfarbenen See *Lake Taal* der noch immer aktive Taal-Vulkan. Von den Höhen des Tagaytay Ridge kann man in den rauchenden Krater hinabblicken. Wer Mut hat, läßt sich von einem Fischer übersetzen und ersteigt den Rand des Kraters. Das Tagaytay Ridge ist eine der landschaftlich schönsten Regionen der Philippinen. Essen und übernachten kann man in der *Taal Vista Lodge (Tel. 46/ 413 12 24) und 2/810 44 51.* Eine besondere Attraktion ist das Projekt Taal Philippine Experience. Dies ist ein Unternehmen, das die Anwohner des Taal-Sees selbst in die Hand genommen haben. Die Idee ist, Touristen an die einheimische Bevölkerung heranzuführen. Ausgangspunkt ist *Barrio Casasay.*

BICOL

(109/E-F 2-5) Dieser südliche Appendix von Luzon besteht aus den Provinzen Camarines Sur und Norte, Albay und Sorsogon sowie den Inseln Catanduanes und Masbate. Die Filipinos nennen diese Region Bicolandia. Gesprochen wird hier Bicolano. Abseits der buchtenreichen Landmasse gibt es eine Vielzahl von kleineren Inseln mit weißen Sandstränden, Palmen und phantastischen Tauchgründen. Für Inselfahrten kann man Boote in Legaspi City anmieten. Von Manila aus verkehren nach Bicol reguläre Buslinien. Die Bahnverbindung bis Legaspi City via Naga City ist langsam und nicht sehr zuverlässig. Philippine Airlines fliegt nach Naga City. Die Fluglinie Grand Air bietet ebenfalls Flüge in das Gebiet an.

ORT

Legaspi City **(109/F 3)**
Mit dem Bus erreicht man von Manila aus auf der National-

straße 1 südwärts in etwa 12 Stunden Legaspi City in Camarines Sur. Diese etwas verschlafene philippinische Hafenstadt ist der geeignete Ausgangspunkt für eine Rundreise durch Bicol.

HOTELS

Albay Hotel
100 Zi., Penaranda St., Legaspi City, Tel. 52/480 86 60, Kategorie 2–3

La Trinidad
125 Zi., Rizal St., Legaspi City, Tel. 52/480 73 35, Buchung in Manila, Tel. 2/524 33 06-9, Kategorie 2–3

Viento del Mar
Bacacay, Albay, Tel. 0918/212 45 56

Außerdem gibt es an den Küsten zahlreiche Beach Resorts.

ZIELE IN DER UMGEBUNG

Hoyop-Hoyopan Caves **(109/E 3)**
Wenige Minuten von *Daraga* am Fuß des Mayon-Vulkans liegt *Camalig*. Von hier kann man einen Ausflug zu den zehn Kilometer entfernten Höhlen von Hoyop-Hoyopan machen. Diese gewaltige Tropfsteinhöhle ist eine von vielen in dieser Gegend, die zum Teil miteinander verbunden sind. Auf demselben Ausflug kann man die *Calabidong Caves* besuchen. Die Begehung der Höhlen ist über mehrere hundert Meter möglich, führt jedoch teilweise durch brusthohes Wasser. Prähistorische Ausgrabungen, die heute in der Kirche von Camalig gezeigt werden, deuten auf eine Besiedlung der Höhlen vor mehr als 4000 Jahren hin. Für die Begehung empfiehlt sich ein Führer, den man in Camalig findet.

Lake Buhi **(109/E 3)**
Der Ausflug zu Füßen des Mount Asog lohnt sich wegen seiner szenischen Schönheit. Im Lake Buhi lebt der kleinste Fisch der Welt, der Tabios, der nur wenige Millimeter groß wird und am besten in einem Omelett schmeckt.

Mount Mayon **(109/E–F 3)**
★ Auf der Nationalstraße 1 weiter südlich beherrscht der Mount Mayon (2471 m) die Provinz Albay. Mt. Mayon, eine vollkommen geformte Pyramide, ist ein noch aktiver Vulkan, der zuletzt 1968 ausbrach. In der Kirche von *Cagsawa* zu Füßen des Vulkans, die teilweise von Lavamassen verschluckt wurde, sind von einer Eruption im Jahr 1814 noch 1200 Menschen begraben. Eine Besteigung des nahezu kahlen Vulkans kann man von Legaspi City aus organisieren. Es gibt mehrere Routen. Der beste Ausgangspunkt ist jedoch das Dorf *Tabaco* an der Ostküste. Das Basislager, *Mayon Skyline Hotel* (800 m), kann man noch mit dem Auto erreichen. Für Auf- und Abstieg zum Gipfel muß man eineinhalb Tage einrechnen. Für dieses Unternehmen sollte man körperlich fit sein. Die Anstrengung wird dann aber mit einem atemberaubenden Weitblick über Albay auf der einen und die Inselwelt im Osten auf der anderen Seite belohnt. Interessant ist auch die eigenartige Flora, die sich hier auf der noch verhältnismäßig jungen Lava entwickelt hat. Der Aufstieg sollte sehr früh beginnen, damit man vor Dunkelheit wieder im Rasthaus ist. Verpflegung und Schlafsack muß man mitbringen, da das Rasthaus nicht mehr be-

wirtschaftet ist. Entsprechend heruntergekommen wirkt es denn auch. Auf dem Weg zum Vulkan lohnt auch ein Besuch in dem Dörfchen *Daraga*, bekannt für sein traditionelles Kunsthandwerk.

Naga City **(109/E 3)**
Wer nicht gerade am zweiten Sonntag im September angereist kommt, zur Kirchweih für die Virgin of Penafrancia, dem hat die Stadt außer der Naga Cathedral wenig zu bieten. Diese stammt aus dem 16. Jahrhundert, wurde durch Brände und Erdbeben mehrfach zerstört und 1890 nach spanischen Vorbildern neu aufgebaut.

CATANDUANES UND MASBATE

(109/E-F 2-5) Die Provinz Sorsogon im Süden von Legaspi hat wenig Sehenswürdigkeiten, dafür aber eine faszinierende Landschaft und traumhafte Strände zu bieten. Dasselbe gilt für die Inseln Catanduanes und Masbate.

Die Besteigung des noch aktiven Vulkans Mayon lohnt in jedem Fall

Hier warten Wasserfälle und Schwefelbäder auf denjenigen, der sie sich in den dichten Bergdschungeln zu erwandern traut.

CAVITE

(108/A–B 1–2) Der Roxas Bd. von Manila in seiner südlichen Verlängerung, stets an der Küste entlang, führt in die Provinz Cavite. Hier und in der Nachbarprovinz Batangas begann 1896 die philippinische Revolution gegen die Spanier.

ORTE

Cavite City **(108/B 1)**
Die Stadt hat zwar an Bedeutung verloren, zur spanischen Zeit gehörte sie jedoch zu den reichsten der Kolonien. Hier wurden die spanischen Galeonen im Handel mit Mexiko ausgerüstet. Das alte spanische Ambiente der Stadt erinnert noch an den früheren Wohlstand ihrer Bürger.

Kawit **(108/B 1)**
Die Stadt ist älter als Cavite City. Noch gut erhalten ist das alte spanische Stadtzentrum um die Plaza der Kirche. In der Stadt wurde den Revolutionären von 1896 im Aguinaldo Shrine ein Denkmal gesetzt. Im Geburtshaus von Emilio Aguinaldo werden Erinnerungen an den Aufstand gegen die Spanier gezeigt.

Maragondon **(108/A–B 2)**
Dieses landschaftliche und historische Kleinod am Saum der Hügel westlich von Cavite beherbergt eine Rokokokirche, mit der sich die spanischen Jesuiten ein architektonisches Denkmal setzten. Besondere Aufmerksamkeit verdienen die außergewöhnlichen Schnitzereien am Kirchentor und im Gestühl.

STRANDRESORTS

Entlang der Küstenstrecke um Novelata, Rosario und Tanza, nur etwa zwei Autostunden von Manila entfernt, liegen herrliche, allerdings überlaufene Badestrände. Die Resorts an der Küste sind einfach, aber gemütlich.

LAGUNA DE BAY

(108/B 1–2) Eine Fahrt um den klaren See südlich von Manila, durch die Provinzen Rizal, La Union, Batangas und Cavite, führt durch romantische Fischerdörfer und eine der schönsten und abwechslungsreichsten Landschaften der Philippinen. Sie wird von den Vulkanen Mt. Makiling und Mt. Banahaw beherrscht.

ORTE

Mount Banahaw **(108/C–D 2)**
Dies ist der Berg der Hexer und schwarzen Magier. Ihre Sekten haben sich an den Hängen des Vulkans niedergelassen. Sie absolvieren für ihre Klientel okkulte Riten und Beschwörungen, verkaufen Liebestränke und Amulette. Eben etwas Ausgefallenes für die Esoteriker unter den Reisenden.

Nagcarlan **(108/B 2)**
Ein Stück landeinwärts, in der Kirche von Nagcarlan, verbinden sich spanischer Kolonialbarock mit maurischen und javanischen Elementen zu einer einzigartigen Mischung. Beachtung verdient die Ausgestaltung der Wände mit

glasierten Kacheln. Sehenswert ist hier auch der unterirdische Friedhof.

Pangil, Pakil und Paete (108/B–C 1–2)
Diese drei kleinen Orte am Seeufer sind typische Beispiele des spanischen Städtebaus mit seiner Architektur und der daraus resultierenden Künste in den Kolonien. Vor allem die Kirche in Paete verdient einen Besuch. Hier haben sich viele Generationen von Künstlern ein Denkmal gesetzt. Die Ebenholzschnitzer von Paete haben den Ruf, die besten Schnitzer von Heiligenfiguren der Welt zu sein.

Santa Cruz (108/B 2)
In dieser alten spanischen Stadt scheint die Zeit stehengeblieben zu sein. Die Beharrlichkeit, mit der Santa Cruz den kolonialen Charakter bewahrt hat, vermittelt den Eindruck, als seien die Spanier erst gestern abgezogen. Die deutlich spanische Physiognomie der Bewohner unterstreicht diese Vision noch.

QUEZON

Lucban (108/C 2)
Mitte Mai empfiehlt sich ein Ausflug nach Lucban in der Provinz Quezon, eine halbe Tagesreise südlich von Manila, an der Bundesstraße 23. Anläßlich der Fiesta San Isidro Labrador, des Schutzheiligen der Bauern, verwandelt sich das Städtchen mit seiner 400 Jahre alten Kirche in eine üppige Demonstration der Fruchtbarkeit. Riesige Wasserbüffel, *Carabaos*, aus Papiermaché führen die Danksagungs-Prozession durch die engen Gassen des Ortes an, der noch immer in der spanischen Epoche zu verharren scheint.

Quezon National Park (108/C 3)
Wenige Kilometer östlich von Lucena City, der Hauptstadt der Provinz Quezon, und nördlich von Pagbilao Grande liegt der Quezon National Park, ein wahres Paradies für Vogelkundler und Naturliebhaber. Einfache Unterkünfte gibt es in *Lucena City* oder *Tayabas.*

Die Sünden der Väter

Es ist still geworden in Angeles City. Die 50 000 amerikanischen GIs sind abgezogen. Die Girlie-Bars haben die lockenden Neonlichter ausgeschaltet. Zurückgeblieben sind 60 000 amerikanisch-philippinische Mischlingskinder, die meisten von ihnen von schwarzen Vätern gezeugt. Sie haben den amerikanischen Staat verklagt. 69 Millionen US-Dollar wollen sie von Washington oder das Recht, wie die Amerasier aus dem Indochinakrieg in den USA angesiedelt zu werden. Die amerikanische Militärverwaltung auf den Philippinen habe sich aktiv am Management und der Überwachung der Prostitution beteiligt, stellen sie in ihrer Klageschrift fest und beschuldigen die USA der Zuhälterei. Die Anwälte der philippinischen Amerasier sind zuversichtlich, Washington zur Kasse bitten zu können. »Die Sünden der Väter sind schließlich nachweisbar.«

Hundert Inseln vor den Stufen zum Himmel

Kriegerische Bergvölker, Reisgötter und Wunderheiler

Wenn die Filipinos Luzon sagen, meinen sie oft nur die Hauptstadt Manila und ihre Umgebung. Die Bergprovinzen im Norden werden mit herablassendem Achselzucken abgetan. Dort sei die Zeit stehengeblieben, sagen die Flachlandbewohner geringschätzig. Doch gerade in den zerklüfteten Bergen der Cordilleras kommt der Reisende den Wurzeln der philippinischen Kultur am nächsten.

Um 2000 Meter hoch sind die Berge von Benguet und Ifugao, von Kalinga-Apayao und der Mountain Province. Die Menschen, die hier auf den Bergkuppen und an den steilen Hängen wohnen, die ihre Dörfer in wilden, zerklüfteten Tälern angelegt haben und an den Ufern reißender Flüsse, sind von der kolonialen Überfremdung der Philippinen weitgehend verschont geblieben.

Igorot werden sie genannt, Menschen der Berge. Doch hinter diesem Sammelbegriff verbirgt sich eine Vielzahl von Völkern, die Ibaloi beispielsweise, die Kankanay und Bontoc, Ifugao und Kalinga. Sie leben noch nach dem *adat*, nach den Gesetzen ihrer Vorfahren, und pflanzen Reis an. Ihre Welt ist von Geistern beseelt, die es in zahllosen Ritualen zu besänftigen gilt.

Ihre kunstvoll in die Hänge gegrabenen Terrassenfelder haben bereits die Vorfahren der Bergvölker vor etwa 2000 Jahren angelegt. Bis in eine Höhe von 1500 Metern klettern die Reisterrassen, in die auch die Dörfer der einzelnen Clans eingebettet sind. Die Wissenschafts- und Kulturorganisation der Vereinten Nationen, Unesco, hat sie zum Weltkulturerbe erklärt, der Volksmund spricht vom achten Weltwunder.

Touristisch einigermaßen erschlossen sind die Provinzen Benguet, Ifugao und die Mountain Province. Kalinga-Apayao ist Ausgangspunkt für echte Abenteurer und gut geplante Expeditionen. Es ist ratsam, diese nördlichste Provinz der Philippinen in kleinen Gruppen zu bereisen.

Uralte Tradition: Reisanbau

BAGUIO CITY

(106/B4) ★ Der ideale Ausgangsort zum Bereisen der Bergprovinzen ist Baguio City, Verwaltungszentrum der Provinz Benguet. Baguio wurde von den Amerikanern zu Beginn des 20. Jahrhunderts als Sommerresidenz angelegt. Hier, in einer Höhe von 1500 m, eingebettet in Kiefernwälder, ist das Klima merklich kühler als im brütendheißen Flachland. Heute haben die reichen Filipinos hier ihre Sommervillen. Baguio wurde 1990 von einem schweren Erdbeben erheblich zerstört, aber inzwischen wieder aufgebaut.

BESICHTIGUNGEN

Asin Springs

Eine halbe Stunde braucht ein Jeepney zu den heißen Quellen von Asin, denen die Filipinos heilende Kräfte zuschreiben. Eine Kolonie von Wunderheilern hat sich in dem nahen Dorf angesiedelt, das auch wegen seiner Holzschnitzer berühmt ist. *Jeepney ab Kayang St.*

Bell Temple

Hinter einer chinesischen Fassade hausen alle nur denkbaren Götter. In diesem Tempel werden buddhistische, taoistische, konfuzianische und christliche Glaubenselemente zu einer synkretistischen Einheit verschmolzen. *Jeepney ab Magsaysay Avenue*

Easter Weaving Room

Hier entstehen auf einfachen Webrahmen, die die Weberin mit dem Rücken strafft, die kunstvollen Decken und Tücher der Bergvölker. Die Tücher haben in der Tradition der Bergvölker rituelle Bedeutung. *Jeepney ab Kayang St.*

Markt

Hier schlägt das Herz von Baguio. Bergbauern aus der Umgebung bieten ihre Feldfrüchte feil, beispielsweise dicke Erdbeeren, und den schweren Erdbeerwein. Handarbeiten, Kunsthand-

MARCO POLO TIPS FÜR LUZON

1 **Baguio City**
Hier werden alle Erwartungen an einen Höhenkurort erfüllt (Seite 50)

2 **Banawe**
Die atemberaubenden Reisterrassen der Ifugao (Seite 52)

3 **Sagada**
Mehr als 500 Jahre alte Grabstätten in Felsüberhängen (Seite 53)

4 **Altstadt von Vigan**
Sehenswertes städtebauliches Erbe der Spanier mit beeindruckender Kathedrale (Seite 55)

5 **Kathedrale von Laoag**
Elegante Bauweise mit asiatischen Elementen (Seite 55)

6 **Bauang**
Ein Höhepunkt unter den zahlreichen Beach Resorts (Seite 56)

werk und schöne handgewebte Ifugao-Decken sind zu kaufen, auch Kräutermedizin und Antiquitäten. Eine bessere Auswahl hat das in den Markt integrierte *Maharlika Livelihood Center.*

Parks

Nach Baguio, der Blumenstadt, geht man nicht nur zum Besichtigen. Man geht nach Baguio, um den harzigen Duft der Kiefernwälder zu atmen. Beim abendlichen Bummel über die *Session Road* zum Beispiel, der Ladenstraße von Baguio. Da gibt es chinesische Restaurants und Pizzerien, Cafés und Konditoreien. Zum Sonnenbaden zwischen Blumenrabatten laden die Bänke im *Burnham Park* ein. An einem künstlichen See kann man Boote mieten. Für Kinder ist ein Spielplatz angelegt. Vom *Mines View Park* lohnt sich ein Blick in die Täler von Benguet. Auf Pferden reiten kann man im *Wright Park.* Den rotglühenden Sonnenuntergang genießt man mit einem Blick über die Bergwelt von den *San Carlos Hights* oder vom Gipfel des *Mt. Santo Tomas* mit Blick auf die Südchinesische See.

MUSEUM

Mountain Province Museum

Dieses kleine Museum im Baguio Convention Center gibt einen guten Überblick über Kunst und Kultur der Minderheitenvölker in den Cordilleras. *Zur Zeit noch keine regelmäßigen Öffnungszjeiten*

RESTAURANTS

Die Restaurantmeile von Baguio ist die eineinhalb Kilometer lange *Session Road.* Sie bietet eine kulinarische Weltreise von West bis Ost. Besuchen Sie den *Bread of Life Shop* an der *Session Rd.* zu einem Frühstück mit importiertem Käse und Salami. Die Küche der Cordilleras bereitet das *Café by the Ruins* gegenüber dem Rathaus zu, ein gemütliches Restaurant, in dem man gern länger sitzt.

EINKAUFEN

Kurioses und Antiquitäten, alte und neue Bücher und die schönen geflochtenen Körbe der Igorot, traditionellen Silberschmuck und filigranes Kunsthandwerk, Ikat-Weberei und einen indischen Basar – das alles gibt es an der *Session Rd.*

Das Volk der T'boli ist für seinen silbernen Armschmuck weithin bekannt

HOTELS

Benguet Prime Hotel

Zentral an der Hauptstraße von Baguio City gelegen. Von hier aus gute Ausgehmöglichkeiten. Lohnend auch ein Besuch des Marktes. *Session Rd./Calderon St., Baguio City, Tel. 74/442 70 66, Fax 442 81 32, Kategorie 3*

Hotel Monticello
Ein heimeliges Familienhotel mit einem schönen Weitblick über die Berge. *45 Zi., Maryhights, Kennon Rd., Baguio, Tel. 74/442 65 66, Kategorie 2–3*

Hotel Supreme
Eines der besseren Hotels mit Restaurant und Zimmern mit Bad. *110 Zi., Magsaysay Av., Baguio, Tel. 74/443 20 11, Kategorie 2–3*

Mount Crest Hotel
Ein gemütliches kleines Hotel mit alpinem Charakter. *50 Zi., Urbano, Ecke Legarda Rd., Baguio, Tel. 74/445 69 45, Kategorie 2–3*

Vacation Hotel
Zimmer mit Bad und Fernseher. Ein gut geführtes Hotel mit Diskothek und Restaurant. *150 Zi., Leonard Wood Rd., Baguio, Tel. 74/442 91 44/442 45 45, Kategorie 2–3*

Woods Place Inn
Gemütlich eingerichtete Zimmer mit Fernseher, Bad und Balkon. *60 Zi., Military Cut-Off Rd., Baguio, Tel. 74/442 46 42, Kategorie 2–3*

AM ABEND

Einige Hotels veranstalten regelmäßig kulturelle Abende mit Tänzen der Igorot und Szenen aus dem Alltag der Bergvölker sowie Hochzeitsriten und Opferzeremonien. Karaoke bieten *Joey's Place* in der *Legarda Rd.* und *Cosy Nook* in der *Assumption Rd.* Eine populäre Diskothek ist das *Spirits* in der *Otek St.*

AUSKUNFT

Baguio Regional Office
Department of Tourism Complex, Gov. Pack Rd., Baguio, Tel. 74/442 67 08, Fax 442 88 48, tgl. 8–12 und 13–17 Uhr

Asia Spirit (Airlines)
Nevada Square, Loakan Road, Baguio City, Tel. 74/442 88 38 (Baguio) und 2/840 38 11 (Makati City)

ZIELE IN DER UMGEBUNG

Banawe **(106/C 3)**
★ Zu den atemberaubenden Reisterrassen der Ifugao sind es, über Bontoc, dem Verwaltungszentrum der Mountain Province, sieben Stunden Fahrt. Mehr als 200 Quadratkilometer bedecken die Reisterrassen im Ifugao-Land. Die Terrassen von Banawe (1200 m hoch) mögen die am häufigsten fotografierten sein, doch sind sie keineswegs die schönsten. Wer den Mut hat, einige Stunden in die zerklüfteten Berge zu trecken, nach *Batad, Maligcong* oder *Mayaoyao,* wird bestimmt den Atem anhalten. Zudem begibt er sich in vom Westen unberührte Ifugao-Dörfer. Vom *Banawe View Point* hat man einen weiten Blick über die Reisterrassen von Banawe. In *Matanglag* sollte man die Bronzegießer besuchen. Am Markt kann man Bergführer anwerben, die Trekkingtouren zu den Dörfern in der Umgebung organisieren. Auskunft erteilt die Touristeninformation am *Markt.*
Hotels: *Banawe Hotel:* Ein Hotel der Touristenklasse, Zimmer mit Bad, Restaurants und mit einem Schwimmbad. Das Hotel ist geschmackvoll dekoriert. *Banawe, Tel. 74/386 40 88, 40 87, Kategorie 2; Banawe View Inn:* Zimmer mit Bad und einem schönen Blick auf Banawe. *Banawe, Tel. 73/386 40 78, Kategorie 3; J & L Pension:* liegt et-

was außerhalb von Banawe und vermietet gemütliche Chalets im Ifugao-Stil. *Banawe, Tel. 74/386 40 35, Kategorie 3*

Batad und Cambulo **(108/C 3)**
Wie ein Amphitheater öffnen sich die Reisterrassen von Batad, etwa eine bis zwei Fußstunden von Banawe entfernt. Die Dörfler erwarten ein Geschenk und lassen sich jedes Foto bezahlen. Zwei weitere Stunden braucht man zu einem weit weniger touristischen Dorf, Cambulo, das mitten in den Reisterrassen liegt. Übernachten kann man in der *Batad Pensione* oder in *Christina's Guesthouse.* Es sind sehr einfache Unterkünfte.

Kabayan **(106/C 3)**
Etwa vier Stunden von Baguio nordwärts, über den landschaftlich abwechslungsreichen Halsema Highway zu erreichen, liegt Kabayan, ein Mittelpunkt der Igorot-Kultur. In den Höhlen am Rand der Stadt – den *Ordas Caves,* den *Banagao Caves* und dem *Tenongschol Burial Rock* – haben die Igorot bereits vor mehreren hundert Jahren ihre Toten beigesetzt. Bestattet wurden sie nach einem komplizierten Balsamierungsprozeß in Hockstellung, in Särgen, die aus einem Baumstamm herausgeschlagen wurden. Die stadtnahen Höhlen wurden verschlossen, um Grabräuber fernzuhalten; für den Besuch der offenen Höhlen in den Bergen braucht man einen Führer. Die einzelnen Gasthäuser haben ihre eigenen Führer. Einige der Mumien sind in einem kleinen Museum im Rathaus zu sehen.

Sagada **(106/C 3)**
★ Sieben Stunden braucht der reguläre Linienbus von Baguio via Bontoc nach Sagada. Die abenteuerliche Fahrt führt über den Mount-Data-Paß und später am felsigen Ufer des Chico Rivers entlang nach Bontoc. Die Haupt-

Demokratie in den Bergen

Ito, ein Häuptling der Ifugao, soll für seinen Clan Steuern zahlen. Dafür werde der Staat Brücken in den Bergen bauen, Schulen und Krankenhäuser. Wer der Staat sei, will Ito wissen. Das seien die Leute aus der Stadt, die Itos Clan wählen dürfe, wenn er Steuern zahle, so die Antwort. »Wir leben in den Bergen«, hält Ito dem Mann aus der Stadt entgegen, der gewählt werden will, »warum sollen wir unsere Ältesten in der Stadt wählen?« »Damit diese auf eure Steuern aufpassen«, sagt der Mann aus der Stadt geduldig. »Warum«, fragt Ito, »sind unsere Steuern in der Stadt nicht sicher?« »Doch«, sagt der Mann aus der Stadt, »die Leute, die ihr wählt, werden dafür bezahlt, daß sie auf eure Steuern aufpassen.« Wovon sie bezahlt würden, will Ito wissen. »Von den Steuern, die ihr in die Stadt zahlt«, erklärt der Mann aus der Stadt. Ito denkt lange nach. Dann zeigt er auf die Quelle am Berg und sagt: »Siehst du, die Quelle habe ich selbst gebaut. Sie bewässert alle unsere Reisterrassen. Hätte ich sie erst um den Berg herumgeführt, wäre viel Wasser verlorengegangen.«

Nicht Übermut, sondern Tradition: die »hängenden Särge« von Sagada

attraktion von Sagada sind die »hängenden Särge«, die mehr als 500 Jahre alten Grabstätten der Bergvölker, die auf Felsüberhängen angelegt sind. Eine Besteigung der zahlreichen Höhlen in der Umgebung sollte nur mit einem Führer gewagt werden. Auskunft erteilt das jeweilige Gasthaus. Nahe bei Sagada ist der *Bokong-Wasserfall.* Es lohnt sich ebenfalls der eineinhalbstündige Aufstieg auf den ✸ *Mt. Ampacao.* Man wird mit einem faszinierenden Rundblick belohnt. Übernachtung möglich am Mount-Data-Paß in der alpinen *Mount Data Lodge,* im sauberen *Sagada Guesthouse* und bei den episkopalischen Schwestern im *St. Joseph's Guesthouse.*

Trecking um Bontoc **(106/C 3)**
Mitten im Herzen der Central Cordillera liegt auf 900 m Höhe *Bontoc,* die Hauptstadt der Mountain Province. Die Stadt ist Ausgangspunkt für Trekkingtouren in die Dörfer der Kalinga. Außer einem Museum *(tgl. 8–12 und 13–17 Uhr, Eintritt: 20 P),* das in sehr übersichtlicher Weise erschöpfend Auskunft über die Lebensart der Bergvölker gibt, hat die Stadt wenig zu bieten. Treckingtouren organisiert die *Pines Kitchenette & Inn.* Sehr empfehlenswert sind die Dörfer um Tinglayan, Tulgueo, z.B. *Dananao, Sumadel* und *Malango.* Ein Rundtrip erfordert gewöhnlich drei bis vier Tage. Meist sehr einfache Unterkünfte bieten: *Mount Data*

Lodge auf dem Weg von Baguio nach Bontoc; *The Mountain Hotel, Bontoc, Tel. 74/602 10 11; Ridgebrook Hotel, Boutoc (kein Telefon),* und *Pines Kitchenette & Inn, Bontoc, Tel. 74/602 15 09.*

ILOCOS NORTE/SUR

(106/B 2–4) Von Baguio erreicht man via San Fernando/La Union in etwas mehr als eineinhalb Stunden die Küstenstraße von Ilocos Sur. Die Küstenorte bis Vigan, der Hauptstadt der Provinz Ilocos Sur, sind ein einziges Museum der philippinischen Kirchenarchitektur. Chinesische Handwerker haben diese Kirchen erbaut, massiv, um den Erdbeben zu trotzen, und gewaltig, um die Macht der spanischen Kirche zu demonstrieren. In den mächtigen Fassaden und dem üppigen Inneren entfaltet sich die Pracht des spanischen Kolonialbarocks, der seine Vorbilder im Mexiko des 17. und 18. Jahrhunderts hat. Daher ist diese Provinz auch als Kirchenprovinz bekannt.

ORTE

Laoag **(106/B 1)**

Die Provinzverwaltung von Ilocos Norte sitzt in Laoag City, einer farblosen Stadt mit 100 000 Einwohnern. Sehenswert ist jedoch unbedingt die ★ *St. Williams Cathedral* aus dem 17. Jahrhundert. Der gewaltige Glockenturm, der etwas abseits der Kirche steht, versinkt mehr und mehr im Erdboden. Eine der schönsten Kirchen von Ilocos Norte steht 25 Kilometer südlich von Laoag City in *Paoay*. Gebaut wurde sie als Festungskirche mit starken Stützen an den Außenwänden. »Erdbebenbarock« nennt man diese Bauweise. Übernachten kann man im *Fort Ilocandia Resort Hotel, Calayab, Laoag City, Tel. 77/22 11 66, Kategorie 1–2.* Das Hotel hat ein Casino, eine Diskothek, Schwimmbad und einen Tennisplatz. Bescheidene Unterkunft bietet das *Texicano Hotel, Laoag, Rizal St., Tel. 77/722 02 90, Kategorie 3.*

Vigan **(106/B 2)**

★ Nach Intramuros ist die Altstadt von Vigan, der Hauptstadt der Provinz Ilocos Sur, das bedeutendste städtebauliche Erbe, das die Spanier den Philippinen hinterlassen haben.

In Vigan erlebt man auch den Höhepunkt der »Kirchenstraße«, die *Cathedral of St. Paul.* Die Kirche wurde um 1641 erbaut. Sie steht in der teilweise restaurierten spanischen Altstadt am *Plaza Burgos.* Der Platz ist von stolzen Patrizierhäusern und Statuen umgeben. Gemauert aus roten Klinkern und mit einer Mischung aus Kalkstein und Zukkerrohrsaft verputzt, hat die Kathedrale mehr als drei Jahrhunderte überdauert.

Zu den Sehenswürdigkeiten der spanischen Altstadt zählt auch das *Ayala Museum* im Geburtshaus des Revolutionärs Padre Jose Burgos, eines Mestizos, der gegen die Spanier kämpfte. Zu sehen ist eine ausgezeichnete Sammlung der Ilocano-Kultur *(tgl. außer So 8–11, 13–17 Uhr, Eintritt: 10 P).*

Übernachten kann man entlang der Küste in mehreren Beach Resorts. In Vigan empfehlen sich meist kleine Hotels wie das *Vigan Cordillera Inn, Gov. Crisologo St., Kategorie 3*, oder das *Vigan*

Hotel Drive-Inn & Resthouse, Kategorie 3. Das beste Haus in Vigan ist das *Aniceto Mansion* mit Klimaanlage und Bad, *Mena Crisologo, Kategorie 3.* Ein recht gutes Re-sort ist in *Currimao,* 75 Kilometer nördlich von Vigan, das *D'Coral Beach Resort, Tel. 77/772 11 33, Kategorie 3.*

LA UNION

(106/B 4) In eineinhalb Stunden westwärts auf dem Marcos Highway erreicht man von Baguio aus die kleine Küstenprovinz La Union mit der Verwaltungshauptstadt San Fernando, die Stadt auf den sieben Hügeln.

ORT

San Fernando **(106/B 4)**
Sehenswert sind insbesondere die beiden chinesischen Tempel im Norden der Stadt, die *Fil-Chinese Pagoda* an der *Gapuz Zigzag Rd.* und der *Ma-Cho Temple* an der *Quezon Rd.* Diese religiöse Mischung aus chinesischer Volksreligion und Katholizismus offenbart sich am spürbarsten vom 12. bis 16. September, wenn die chinesische Minderheit von San Fernando ihr Fest der Virgin of Caysasay im Ma-Cho Temple feiert. Das *Museo de La Union* an der *Gapuz Zigzag Rd.* gibt einen Überblick über die Kultur der Region. *Das Museum ist am Wochenende geschlossen.*

Hotels: *The Plaza Hotel, Quezon Av., Tel. 72/888 29 96, Kategorie 3; The Sea & Sky Hotel, Quezon Av., Tel. 72/242 38 69, Kategorie 3; Blue Lagoon Resort, Poro, Tel. 72/888 25 31, Kategorie 3; The Driftwood Beach Resort, Poro, Tel. 72/41 45 25, Kategorie 3; Acapulco Beach Resort, Canaoy, Tel. 72/888 26 96, Kategorie 3.* Auskunft erteilt das *Tourist Office, Mabanag Hall, Gen. Luna St.*

ZIELE IN DER UMGEBUNG

Agoo **(106/B 4)**
Südlich von San Fernando liegt das Küstenstädtchen Agoo. Hier lohnt sich ein Blick in die Basilika mit Marienschrein aus dem Jahr 1892. In der Osterwoche ist die Kirche ein stark besuchter Wallfahrtsort. Außerhalb der Küstenstadt liegt das *Agoo Playa Beach Resort, Tel. 0912/308 26 14, Kategorie 3.*

Bauang **(106/B 4)**
★ Diese Stadt unweit von San Fernando ist eines der populärsten Beach Resorts auf den Philippinen. *Swagman Travel* am National Highway südlich ist der Buchungsagent für eine Vielzahl von Resorts, *Tel. 72/242 05 25.* Beispielsweise: *Bali Hai Beach Resort, Tel. 72/242 56 79; Cabana Beach Resort, Tel. 72/242 55 85; Cresta Del Mar, Tel. 72/242 09 87.*
✱ Die *Bayside Disco* und der *Tradewinds Disco Club* empfehlen sich gegen die abendliche Langeweile. Versuchen Sie an Samstagabenden das Mongolian Barbecue im *Cabana.*

PANGASINAN

(106/A-B 4-5) Zweieinhalb Stunden südlich von San Fernando ist man bereits im Herzen der Provinz Pangasinan, die bekannt ist für vorzügliche *bangus* (»Milchfische«) – es sollen die besten des Landes sein und werden in unzähligen Fischteichen hier gezüchtet.

ORT

Lingayen **(106/B 4)**
Hier legte in der ersten Hälfte des 16. Jahrhunderts die Armada des chinesischen Piraten Limahong an. Fast unverändert erhalten ist der alte spanische Stadtkern der Verwaltungshauptstadt um die Plaza. Der neue Stadtteil ist eine Gründung der Amerikaner. Sehenswert sind daher einige Beispiele des amerikanischen Kolonialstils an öffentlichen Gebäuden. Eine ordentliche Unterkunft bietet das *Lingayen Gulf Resort Hotel, Tel. 75/542 63 04, Kategorie 3*

ZIELE IN DER UMGEBUNG

Cap Bolinao **(106/B 4)**
An der Spitze der Halbinsel der Provinz Pangasinan liegt das Städtchen Bolinao mit der sehenswerten *Church of St. James.* Diese mächtige spanische Kirche aus dem Jahr 1609 diente früher gleichzeitig als Fort. Das kleine Museum der Stadt zeigt eine Sammlung chinesischer Antiquitäten ab 700 n. Chr.

Hundred Islands National Park **(106/B 4)**
Ausgangspunkt für einen Aufenthalt auf den hundert Inseln ist *Alaminos,* ein Städtchen nordwestlich von Lingayen. Die Zahl der Inseln mag etwas übertrieben sein, der Reiz der unbewohnten und nur zum Teil erkundeten Eilande jedoch nicht. Taucher werden in den vorgelagerten Riffen sicher auf ihre Kosten kommen. Wasser gibt es nur auf Quezon Island; grundsätzlich muß man für einen Inselaufenthalt Verpflegung mitbringen. Auf Quezon Island kann man auch einfache Hütten mieten.

Strandresorts **(106/A 4–5)**
Die besten Strandresorts liegen an der Beach von Lucap: *The Kilometre One Tourist Lodge, Tel, 75/551 25 10,* einfach und sauber, *Kategorie 3; St. Marie Club Resort, Tel. 75/551 25 82,* schöne Zimmer, *Kategorie 3; Hundred Islands View Lodge,* Zimmer mit Klimaanlage, *Kategorie 3; Maxine by the Sea, Tel. 75/551 25 37,* gemütlich und freundlich, *Kategorie 3; The Last Resort, Tel. 75/551 24 40, Kategorie 3.* Einige Resorts bieten Trips zum Hundred Islands National Park an.

ZAMBALES

(106/A–B 5–6) Die gebirgige Provinz Zambales grenzt im Westen an die Südchinesische See. An ihren Küsten liegen einige der schönsten Strände auf den Philippinen. Im südlichen Teil hinterließ der Pinatubo-Ausbruch (1991) deutliche Spuren.

ORT

Iba **(106/B 5)**
Die Hauptstadt der Provinz Zambales ist ein Anziehungspunkt besonders in der Osterzeit, wenn hier das *Kalighawan Festival* gefeiert wird. Passion und Frühling finden in den Paraden und landwirtschaftlichen Ausstellungen ihren Ausdruck. Das Dörfchen *Botolan* ist Ausgangspunkt für Trecks in die Vulkanlandschaft des Mt. Pinatubo und zu den Negritostämmen der Ayta. Übernachten kann man im *Westcoast Beach Resort,* etwa sieben Kilometer südlich in *Binoclutan.*

Insel-Hopping im Paradies

Palmen, Sonne, Sand und Meer – hier wurde dem Land sein Name gegeben

Sie wirken verschlafen, das können sie sich offenbar leisten. Im Paradies hat es keiner nötig, sich für den Lebensunterhalt die Beine auszureißen. Die Kopra wächst auf den Palmen, das Essen kommt aus dem Meer, den Zucker röstet die Sonne. Paradiesisch sind sie, die Visayas, jene abertausend Inseln und Inselchen südlich von Luzon. Hier, am Strand von Samar, hatte im Jahr 1521 Ferdinand Magellan nach seiner abenteuerlichen Pazifiküberquerung Anker geworfen. Der Spanier Ruy Lopez De Villalobos kam 22 Jahre später und nannte die Inseln Felipinas, um Spaniens König Philip II. zu ehren, den die Spanier Felipe nannten. Und so erhielten die Philippinen ihren Namen. Fans der Inseln behaupten, daß es nirgendwo auf der Welt schönere Strände gebe als in den Visayas und daß nirgendwo anders das Meer so blau und kristallklar sei. Man braucht nicht einmal zu tauchen, um die Wunder der bizarren Korallenriffe zu bestaunen.

Zahlreiche Inseln laden zum Faulenzen und Träumen ein

Die Menschen der Visayas, die Bisaya, leben vom Meer, von den Meeresfrüchten und dem Handel, der über das Meer kommt. Die Zuckerbarone, die Großgrundbesitzer, die die »süßen Inseln« beherrschen, leben von den Menschen, den vielen landlosen Arbeitern, die bei ihnen in der Fron stehen.

In die Visayas reist man zum Faulenzen. Zu sehen gibt es spanisches Ambiente, alte Städte, Plazas und Kirchen. Reisen tut man in den Visayas mit Schiffen. Von Insel zu Insel sind es meist nur zwei bis drei Stunden. Wer jedoch den oft überfüllten Seelenverkäufern nicht traut, kann auch fliegen. Gelegentlich stört ein Taifun das Idyll des Paradieses, verbreitet Tod und Zerstörung. Die Bisaya haben damit zu leben gelernt. Wie bei allem, was ihre südliche Gelassenheit stört, decken sie auch Katastrophen mit ihrem Fatalismus zu: »*Bahala na* – da kann man nichts machen.«

BOHOL

(**110–111/C–D 4–5**) Die landschaftlich schöne Insel Bohol liegt einen Bootssprung östlich von der Insel

Cebu, dem wichtigsten Verkehrsknotenpunkt in den Visayas. Sie ist in die philippinische Geschichte eingegangen. Der spanische Eroberer Miguel Lopez Legaspi und Häuptling Sikatuna leisteten hier im Jahr 1563 einen Blutseid und schworen ewige Freundschaft. Bohol lebt vom Kleingewerbe und Kunsthandwerk. Die Boholanos sind geschickte Weber und Korbmacher.

ORT

Tagbilaran **(110/C 5)**
Die Provinzhauptstadt von Bohol bietet keine besonderen Attraktionen. Die wichtigste Einkaufsstraße ist die *Carlos P. Garcia Av.* mit ihren Restaurants und Hotels. Auf dem *Torralba Market* an der Carlos P. Garcia Av. kann man heimische Korbwaren und anderes Kunsthandwerk kaufen.

HOTELS

Bohol Tropics Resort Club
Gepflegte Zimmer und Suiten mit Bad und Fernsehen, Schwimmbad, Tennis und Restaurants. *120 Zi., Tagbilaran, Graham Av., Tel. 38/411 35 10, Kategorie 3*

Hotel La Roca
Annehmbare Zimmer mit Bad und Klimaanlage. *45 Zi., Tagbilaran, Graham Av., Tel. 38/411 31 79, 37 96, Kategorie 3*

ZIELE IN DER UMGEBUNG

Antequera **(110/C 5)**
Mitten im Wald, einen Kilometer außerhalb des Ortes, liegt ein Freibad, das von den *Mag-Aso Falls* gespeist wird. Sonntags kann man auf dem Markt von Antequera schöne Korbwaren und Kunsthandwerk kaufen.

Wie geschaffen für Legenden – die eigentümlichen Chocolate Hills

MARCO POLO TIPS FÜR DIE VISAYAS

1 **Chocolate Hills**
Legendenumwobene Kalksteinhügel und schokoladenfarbene Graskuppen (Seite 61)

2 **Basílica Minore del Santo Niño**
Ein »Schatzkästchen« der katholischen Kirche (Seite 62)

3 **Taoist Temple**
Steinlöwen bewachen diesen großen Tempel der Chinesen (Seite 63)

4 **Red Beach**
Geschichte in Bronze gegossen – MacArthur und seine Truppen als Nationalheiligtum (Seite 66)

5 **Puerto Galera**
Schöne Strände und eine bizarre Küste auf Mindoro (Seite 67)

6 **Boracay**
Ein alter Insel-Geheimtip mit internationalem Publikum (Seite 69)

Baclayon **(110/C 5)**
Ein Abstecher nördlich zur *Baclayon Church* ist sehr zu empfehlen. Sie wurde 1595 errichtet und der Jungfrau der unbefleckten Empfängnis geweiht. Ein der Kirche angeschlossenes Museum zeigt eine ausgezeichnete Sammlung kirchengeschichtlicher Artefakte. Wenige Minuten weiter, über die Brücke nach *Panglao Island* bei *Dauis,* kann man in der *Hingadanan Cave* ein unterirdisches Bad nehmen.

Bool **(110/C 5)**
In dem Vorort von Tagbilaran wurde dem Spanier Legaspi und dem Häuptling Sikatuna ein Denkmal gesetzt. 1565 haben sie in dem Ort einen Eid geleistet, indem sie ihr Blut mit Wein mischten und dann tranken.

Chocolate Hills **(111/D 5)**
★ Höhepunkt einer Reise nach Bohol sind die Chocolate Hills. Diese eigentümliche Landschaft – über 1000 gleichförmig gestaltete Kalksteinhügel – haben zahlreiche Legenden befruchtet. So will eine örtliche Saga wissen, daß der junge Riese Arogo an dieser Stelle Tränen der Liebe für die schöne Aloya weinte. Der Schriftsteller Erich von Däniken hat beim Entstehen der Hügel sogar außerirdische Hände mit im Spiel gesehen. Die wissenschaftliche Erklärung ist dagegen weniger spektakulär. Die von den Filipinos »Haycock« (Heuhaufen) genannten Hügel entstanden durch vulkanische Eruptionen zu einer Zeit, als Bohol noch unter dem Meeresspiegel lag. Das Meer und der Zahn der Zeit taten ein Übriges. Zum Sonnenaufgang treffen sich die meisten Reisenden im Hotel des *Chocolate Hill complex (Eintritt für Tagesgäste: 15 P).* Am eindrucksvollsten sind die Hügel in der sommerlichen Trockenzeit, wenn die Graskuppen sich braun färben und in der Tat wie Schokolade aussehen. Die Chocolate Hills im Zentrum von Bohol sind in einer guten Stunde

mit dem *Bus von Tagbilaran via Carmen* zu erreichen. Übernachten kann man im *Hotel Chocolate Hills*, einer einfachen Herberge.

Loboc **(111/D 5)**
Die Decke der Kirche aus dem Jahr 1602 ist mit sehenswerten naiven Fresken bemalt.

Loon **(110/C 5)**
Die Kirche aus dem 18. Jahrhundert hat ebenfalls sehenswerte Deckenfresken.

Maribojoc **(110/C 5)**
Guter Weitblick über die Nachbarinseln vom *Punta Cruz Watch Tower*, einer alten Festungsanlage aus dem 18. Jahrhundert.

Panglao Island **(110/C 5)**
Vor *Tagbilaran* liegt die Insel Panglao, durch eine Brücke mit dem Festland verbunden. Hier ist der luxuriöse *Bohol Beach Club* zu empfehlen, *Alona Beach, Tel. 38/411 26 15, Fax 522 23 04, Katego-rie 1.* Taucher bevorzugen die *Bohol Diver's Lodge.*

Strandresorts **(110/C 5)**
Die besten Resorts liegen an der Alona Beach auf Panglao Island: *Alona Kew White Beach, Alona Beach; Alonaville, Alona Beach; Aquatica Beach, Alona Beach; Bohol Diver's Lodge, Alona Beach; Balicasag Island Dive Resort, Balicasag Island; Nita's Nipa Hut, Pamilacan Island; La Estrella Beach Resort, Cabilao Island.*

CEBU/CEBU CITY

(110/C 4) Diese Insel wird gern als das Herz der Visayas bezeichnet. Und tatsächlich schlägt der Puls des Lebens auf Cebu Island etwas schneller als auf den Nachbarinseln. Die Cebuanos ruhen sich nicht auf ihren traditionellen Lorbeeren aus, dem alten Geld. Sie schaffen neues. Cebu ist eine der dynamischsten Wirtschaftsregionen und Investitionszentren der Philippinen. Eine tatkräftige chinesische Minderheit, die bereits seit Jahrhunderten auf Cebu lebt und längst mit der lokalen Bevölkerung verschmolzen ist, treibt den Motor der jungen Industrie an. Begünstigt wird Cebus Unternehmertum durch den Tiefseehafen, der bereits vor Ankunft der Spanier Schiffe aus Siam, China und Arabien abfertigte, als Cebu noch Sugbo hieß. Das Rückgrat der Insel ist gebirgig, der Norden und Süden sind flach und werden landwirtschaftlich genutzt. Auf Cebu werden Kupfer, Gold und Silber, Eisen und Kohle abgebaut.

Die sehenswerte Hauptstadt der Insel heißt Cebu City. Sie ist mit 650 000 Einwohnern die drittgrößte Stadt der Philippinen. Die Cebuanos nennen sie die »Königin des Südens«. Sie ist die älteste spanische Gründung auf den Philippinen. Legaspi ließ sie 1565 errichten, unweit von Mactan Island, wo Magellan ein knappes halbes Jahrhundert zuvor den Tod fand. Cebu City ist der kulturelle und geistige Mittelpunkt der Visayas.

BESICHTIGUNGEN

Basílica Minore del Santo Niño
★ Erbaut wurde die Basilika als San-Augustinus-Kirche im Jahr 1565, um den Santo Niño aufzunehmen, die Skulptur eines Jesusknaben mit Juwelenkrone, den Magellan der ersten Konver-

Basílica Minore del Santo Niño – Wiege des Christentums in Ostasien

titin, Königin Juana von Cebu, geschenkt hatte. Die Basilika in der *Juan Laguna St.* in Cebu City, in ihrer jetzigen Bauweise aus dem Jahr 1740, wird als die Wiege des Christentums in Ostasien verehrt.

Caretta Cemetery

Ein stattlicher Friedhof an der *M.J. Cuenco Av.*, der Geschichte und Reichtum von Cebu City widerspiegelt. Ein Besuch lohnt sich vor allem an Allerheiligen und Allerseelen. Gegenüber liegt ein chinesischer Friedhof.

Fort San Pedro

Der Grundstein zu dieser Festung in Cebu City wurde am 8. Mai 1565 von Legaspi persönlich gelegt. Er benannte sie nach dem Schiff, mit dem er den Pazifik überquert hatte. Die Festung sollte plündernde Piraten abwehren. Das Fort ist restauriert worden *(Eintritt: 10 P)*. Im Hof befindet sich das *Department of Tourism. Plaza Indepencia*

Lapu-Lapu Monument

Die Statue des tapferen Häuptlings, der Magellan besiegte, steht heute als ein Symbol gegen den Kolonialismus vor der *Lapu-Lapu City Hall* auf der Insel *Mactan* vor den Toren der Stadt.

Magellan's Cross

Wo vermutlich am 14. April 1521 die erste katholische Messe auf den Philippinen gefeiert wurde, ließ Magellan dieses Kreuz aufstellen. Das ursprüngliche Kreuz ist von einem neuen Schwarzholzkreuz ummantelt und steht in einem Pavillon an der *Magellanes St.* in Cebu City. *Magellan's Monument* am Strand von *Mactan* bezeichnet den Ort, an dem der Spanier den Tod fand.

Taoist Temple

★ Die Größe dieses Tempels zeugt von dem Einfluß und dem Reichtum der chinesischen Minderheit auf Cebu. Er steht auf einer Anhöhe außerhalb der Stadt in *Beverly Hills*, dem Millionärsviertel von Cebu City. Bewacht wird der Tempel von gewaltigen Steinlöwen.

Tops

Diese Aussichtsplattform auf dem *Busay Hill* erlaubt einen guten Blick über Cebu City und Mactan Island bis nach Bohol.

MUSEEN

Binamira's Collection

Eine wertvolle Sammlung von handgeschnitztem, antikem Mobiliar. *Tgl. 10–12 und 14–17 Uhr*

Casa Gorordo Museum

Die private Sammlung der Gorordo-Familie in der *Bonifacio St.* zeigt alte spanische Möbel, liturgische Artefakte, Porzellan und alte Fotos von Cebu City. *Mo–Sa 9–12 und 14–18 Uhr, Eintritt: 15 P, Studenten 10 P, Kinder 5 P*

University of San Carlos Museum

In diesem Gebäude aus dem Jahr 1595 wird eine völkerkundliche Sammlung aus den Philippinen und den asiatischen Nachbarländern gezeigt. Eine eigene Sektion ist der Naturkunde gewidmet. *Del Rosario St., Cebu City, Mo–Fr 9–12 und 14–17 Uhr*

RESTAURANTS

Die kulinarische Meile von Cebu City ist die *Colon St.* in Parian, dem alten Chinatown. Die Auswahl befriedigt jeden Gaumen und Geldbeutel. Etliche Garküchen mit philippinischer Cuisine findet man in der *Food St.* am *Osmena Bd.* Empfehlenswertes Essen bieten auch die großen Kaufhäuser wie *SM, Gaisano* oder *Robinsons* an.

EINKAUFEN

Nobel kauft man auf der *Colon St.* ein, der ältesten Straße von Cebu City, oder in den modernen Läden an der feinen *Rodruigez St.* Romantischer und viel billiger ist ein Bummel über den *Carbon Market*. Dort findet man neben landwirtschaftlichen Produkten und Hausrat auch reichlich Kunsthandwerk aus den Visayas. In *Abuno* und *Maribago* auf *Mactan Island* befinden sich die Werkstätten der Gitarrenbauer.

HOTELS

Cebu Plaza Hotel

Ein erstklassiges Hotel mit verschiedenen Restaurants, Sporteinrichtungen, Business Center. *400 Zi., Lahug, Nivel Hills, Cebu City, Tel. 32/231 12 31, Fax 231 11 43, Kategorie 1*

Centerpoint Hotel

Ein Vier-Sterne-Hotel, beliebt bei Gruppenreisenden. *200 Zi., Plaridel, Ecke Osmena Bl., Tel. 32/ 254 71 11, Kategorie 2–3*

Century Hotel

Ein ordentliches Hotel mit Restaurants und eigenem Reisebüro. *150 Zi., Pelaez St., Cebu City, Tel. 32/255 16 97, Kategorie 3*

Diplomat Hotel

Mittelklassehotel mit recht gutem Service. *90 Zi., 90 F. Ramos St., Cebu City, Tel. 32/254 63 41, Fax 254 63 45, Kategorie 2*

Montebello Villa Hotel

Ein Hotel mit hohem Standard und Service. *142 Zi., Banilad, Cebu City, Tel. 32/231 36 81, Fax 231 44 55, Kategorie 1*

Pacific Tourist Inn
Zentral in der Innenstadt gelegenes Budgethotel. *150 Zi., V. Guillas/ Balintawak St., Cebu City, Tel. 32/253 21 51, Fax 254 56 74, Kategorie 3*

St. Moritz Hotel
Ein sehr ansprechendes, geschmackvoll eingerichtetes Hotel mit guten Restaurants. *300 Zi., Gorordo Av., Cebu City, Tel. 32/ 231 54 34, Fax 31 24 85, Kategorie 2*

AM ABEND

Die internationalen Hotels betreiben Diskotheken und Nachtclubs, die bis weit in die Nacht geöffnet haben. Viele Bars und Pubs gibt es in der Innenstadt, beispielsweise an der *Gen. Maxilom Av.* Unter den Diskotheken ist die ✱ *Bai Disc* im *Cebu Plaza Hotel* sehr populär.

AUSKUNFT

Cebu Regional Office
G/F LDM Building, Lapu-Lapu St., Cebu City, Tel. 32/254 27 11, Fax 32/254 27 11, Mo–Fr 8–17 Uhr. Einen Serviceschalter findet man am *Mactan International Airport, Tel. 32/340 24 86.*

Task Force Tourista/Tourist Police
Touristenpolizei. *Camp Sergio Osmena, Osmena Bd., Tel. 32/ 254 40 23*

Transport
Verkehrsmittel auf der Insel sind Busse und Jeepneys. In der Stadt verkehren Pferdekutschen, die *tartanillas.* Taxen gibt es mit und ohne Taxameter, bei letzteren den Fahrpreis vor Fahrtantritt festlegen. Zwischen Cebu und den Nachbarinseln besteht ein reger Fährverkehr. Buchen Sie ihre Schiffsverbindungen über ein Reisebüro! Philippine Airlines verbindet Cebu mit Manila und den übrigen Inseln in den Visayas.

Reisebüro
Blue Horizons Travel & Tours, Unit 6, Borromeo Arcade, F. Ramos St., Cebu City, Tel. 32/253 00 09

ZIELE IN DER UMGEBUNG

An den Küsten von Cebu Island reihen sich die Beach Resorts aneinander. Hier können nur einige wenige genannt werden.

Argao Beach Club, ein Luxusresort mit vielen Angeboten südlich von Cebu City, *Kategorie 1. Dalaguete, Cebu, Tel. 32/253 44 30, Kategorie 1.* Ebenfalls zu den noblen Resorts zählt *Alegre Beach*, eine Stunde nördlich von Cebu City. *Sogod, Cebu, Tel. 32/255 58 35, Fax 254 98 33, Kategorie 1. Cora's Palm Court* bei *Moalboal* an der Westküste von Cebu ist zwar kein exklusives Resort, bietet aber die schönsten Tauchgründe in den Gewässern um Cebu. In Moalboal gibt es mehrere Tauchschulen. Von Cebu City nach Moalboal fahren mehrmals täglich Busse. Auf *Mactan Island*, gegen-über von Cebu City, sind einige Resorts empfehlenswert, darunter *Costabella, Buyong, Mactan Island, Cebu, Tel. 32/232 54 16, Kategorie 2–3; Tambuli, Buyong, Mactan Island, Cebu, Tel. 32/254 06 48, Fax 253 15 45, Kategorie 2; Coral Reef, Agus, Mactan Island, Cebu, Tel. 32/340 46 50, Fax 253 11 92, Kategorie 2.* Weitere Resorts gibt es auf den vielen kleinen Inseln um Cebu.

LEYTE

(**111/D–E 2–5**) Abgesehen von dem eher lokalhistorischen Ereignis, daß die unrühmliche First Lady der Marcos-Diktatur, Imelda Marcos-Romualdez, auf Leyte geboren ist, kennt man die Insel als die Kokosnuß-Insel. Denn Leyte lebt von Kopra, dem fetthaltigen Gewebe der Kokosnuß, aus dem das Kokosöl gewonnen wird. In der jüngeren Geschichte hat der damalige Oberkommandierende der amerikanischen Pazifik-Streitkräfte, General Douglas MacArthur, auf Leyte seine Spuren hinterlassen. An der Küste der Insel landeten gegen Ende des Zweiten Weltkriegs die Befreiungstruppen der Alliierten. Damit hatte MacArthur sein Versprechen erfüllt, mit dem er die Philippinen vor dem Ansturm der japanischen Eroberer verließ: *I shall return* – ich werde wiederkommen.

BESICHTIGUNGEN

In *Tacloban* (**111/E 3**), der Provinzhauptstadt, wandert der Reisende auf MacArthurs Spuren. Die Landung der US-Streitkräfte am 20. Oktober 1944 ist in einem Relief am *Capitol Building* festgehalten. Die in Bronze gegossenen Abbilder des Generals und seiner Truppen sind am Strand der ★ *Red Beach* bei *Palo* (**111/E 3**) zu besichtigen. Die nachgestellte Landungsszene ist ein Nationalheiligtum der Filipinos und ein Wallfahrtsort für Kriegsveteranen. Die Trümmer in der Umgebung sind bewußt nicht geräumt worden. Tacloban hat darüber hinaus ein *Museum der Santo Niños*, von Imelda Marcos gestiftet, mit Bildern von wichtigen Ereignissen aus der Geschichte Leytes und natürlich der Familie Marcos.

Eine Fahrtstunde nördlich ist *Biliran Island* (**111/D 2–3**) vorgelagert. Bei Caibiran kann man in Höhlen einsteigen oder in den heißen Schwefelquellen von *Mainit* und *Libtong* baden.

Von Tacloban aus empfiehlt sich der Sprung nach *Basey* (**111/E 3**) hinüber (auf *Samar*) zum Besuch des Höhlenlabyrinths im *Sohoton National Park*. Man kann bei den Park Rangers übernachten, muß aber selbst für Proviant sorgen. Beste Besuchszeit ist März bis Juli, während der Regenzeit sind die Höhlen nicht begehbar.

ÜBERNACHTUNG

In Tacloban übernachtet man in dem feinen *Leyte Park Hotel, Palo, Leyte, Tel. 53/325 60 00, Kategorie 2*, oder in der *Manabo Lodge, Zamora St., Tacloban, Tel. 53/321 37 27, Kategorie 3*. Auf den Inseln Biliran und Maripipi gibt es mehrere Strandresorts.

MARINDUQUE

(**108/C 3**) In der Karwoche wird Marinduque, die kreisförmige Insel zwischen Südluzon und Mindoro, zu einem Touristentreffpunkt, wenn in den Städten *Boac, Gasan* und *Mogpog* das *Moriones Festival* stattfindet. Höhepunkt ist der Karfreitag, wenn der römische Legionär Longinus symbolisch hingerichtet wird. Flüge und Fährverbindungen ab Manila sind dann bereits auf Wochen im voraus ausgebucht. Informationen über die verschiedenen Strandresorts beim *Marinduque Provincial Office, Tel. 42/332 13 63.*

MINDORO

(108/A-C3-5) Die Strände von Mindoro waren einmal Geheimtip unter den Travellern. Inzwischen ist das einstige Paradies übervölkert. Das gilt besonders für ★ *Puerto Galera* **(108/B3)** mit seiner bizarren Küste. Dennoch hat das Hafenstädtchen noch immer seinen Reiz. Taucher finden um Mindoro faszinierende Korallenriffe. Im Süden, bei *San Jose* **(108/B5)**, ist der Mt. Iglit als *Tamaraw-Reservat* ausgewiesen. Hier leben die Zwergbüffel, die heute vom Aussterben bedroht sind. Das Reservat kann von Puy-Puy aus mit einem Führer begangen werden.

Gelegentlich kann man im Inneren von Mindoro, vor allem in Mindoro Occidental, den Hanunoo begegnen. Sie sind eines von mehreren Urvölkern der Insel.

Unter den vielen Strandresorts sind zu empfehlen: *Palm Beach Resort, Mamburao, Tel. 43/711 16 57, Kategorie 2; Coco Beach Resort, Coco Beach, Puerto Galera, Tel. 43/ 526 45 94, Kategorie 3*

NEGROS

(110/A-C3-6) Die Filipinos nennen diese Insel »Sugarlandia«, Land des Zuckers. Zwei Drittel der Gesamtproduktion der Philippinen werden hier geerntet. Einige wenige Hazienderos sind Landbesitzer, das Gros der Bevölkerung steht als *sacadas*, als Zuckerarbeiter, im Sold der Großgrundbesitzer. Wenn die Saison (Mai bis Oktober) vorüber ist, sind sie arbeitslos. Negros ist in zwei Provinzen unterteilt, das westliche Negros Occidental und im Osten Negros Oriental. Negros Oriental mit der Provinzhauptstadt *Dumaguete City* wird von dem ausgedehnten Tablas Plateau beherrscht, Negros Occidental mit der Provinzhauptstadt *Bacolod City* ist weitgehend flaches Land.

Zucker ist einer der wichtigsten Exportartikel der Philippinen

ORTE

Bacolod **(110/B 4)**

Mit einer Besichtigung der berühmten Töpferwerkstätten von Bacolod ist der Provinzhauptstadt von Negros Occidental bereits Genüge getan. Das Städtchen *Silay City*, wenige Kilometer nördlich, ist wegen seiner alten kastilianischen Patrizierhäuser viel reizvoller. Eine Stunde weiter im Norden ist *Victorias Milling Company* zu besichtigen, eine ausgedehnte Anlage zur Zuckerverarbeitung. In der *St. Joseph the Worker Chapel* auf dem Fabrikgelände umgibt sich in einem modernen Fresko ein mit der Welt unzufriedener Heiland mit Heiligen in philippinischer Tracht.

Von Bacolod führt eine Straße ins Landesinnere zum *Kanlaon Volcano* (2465 Meter). Der Vulkan kann von dem Dörfchen Biakna-Bato aus bestiegen werden. Führer findet man in der *Hazienda Montealegre.* Der Aufstieg erfordert ein bis zwei Übernachtungen am Berg.

Auf halbem Weg zwischen Bacolod und dem Vulkan liegt das attraktive *Mambucal Summer Resort.* Mehrere Beach Resorts gibt es südlich von Bacolod. Empfehlenswerte Hotels in der Stadt sind: *Bacolod Convention Plaza Hotel*, ein großer Name für bescheidenes Ambiente, *Magsaysay Av., Bacolod City, Tel. 34/434 45 51, Kategorie 1–2; Goldenfield Garden Hotel, Goldenfields Complex, Bacolod City, Tel. 34/433 31 11, Kategorie 2–3.*

Nach Dumaguete in Negros Oriental verkehrt ein Expreßbus. Die Fahrt über Cadiz City und S. Carlos City dauert acht Stunden. Zur Nachbarinsel Panay durch die Guimaras Strait verkehren Fährschiffe. Die Überfahrt dauert zwei Stunden.

Dumaguete **(110/C 6)**

Ein liebenswürdiges Städtchen mit vielen Parkanlagen. Allerdings gibt es darüber hinaus nicht viel zu sehen. Das kleine völkerkundliche Museum der *Silliman University*, der einzigen protestantischen Universität der Philippinen, lohnt jedoch einen Besuch. In der Nähe der Stadt gibt es einige schöne Strände.

Eine halbe Jeepneystunde nördlich, von *San Jose* aus, führt ein Treck hinauf zu den bemerkenswerten Zwillingskratern *Balinsasayao* und *Danao*. Der Aufstieg dauert etwa eineinhalb Stunden.

Von *Valencia*, im Süden von Dumaguete, aus kann man zu Füßen des Mt. Talinis *Camp Lookout* besteigen. Die Anstrengung wird mit einem grandiosen Weitblick über Dumaguete und Negros bis hinüber nach Cebu belohnt. Bei *Tejeros*, zwei Kilometer von Valencia entfernt, liegt das *Banica Valley Resort.*

Wer sich der *mananangals*, der Hexer von *Siquijor*, bedienen will, kann mit dem Boot von Dumaguete aus auf die kleine vorgelagerte Insel übersetzen. Alljährlich in der Osterwoche kommen Magier und Wunderheiler aus allen Teilen des Landes in *San Antonio* zusammen, um ein spektakuläres Ritual zu feiern.

In Dumaguete gibt es bescheidene, aber saubere Unterkünfte: *Habitat Hotel, Hibbart St., Dumaguete, Tel. 35/225 24 83, Kategorie 3; Hotel El Oriente, Dumaguete, Real St., Tel. 35/225 06 68, Kategorie 3*

PANAY

(110/A-B 2-4) Vier Provinzen teilen sich die Insel Panay im Westen der Visaya-Gruppe: Iloilo, Capiz, Aklan und Antique. Die weitgehend hügelige Insel lebt von der Landwirtschaft. In Heimindustrie werden hier aus Ananasfasern die feinen Stoffe für den Barong Tagalog gewebt. Panay hat viele alte Städtchen und einige beachtenswerte Kirchen. Auf die touristische Landkarte geriet Panay mit dem *Ati-Atihan Festival* von *Kalibo*.

ORTE

Boracay (Insel) **(110/A 2)**
★ Zahllose Reiseberichte haben diese winzige Insel vor der Nordspitze von Panay zum letzten Paradies auf den Philippinen hochgeredet. Gewiß, Boracay ist eine paradiesische Insel, wenn auch inzwischen teuflisch überentwickelt, aber es gibt viele hundert solcher Paradiese mehr auf den Philippinen. Boracay mit seinen herrlichen breiten Sandstränden und türkisgrünen Wellen lockt Rucksackreisende an ebenso wie den Nobeltouristen. Die einen mieten sich in den zahllosen preiswerten Chalets ein, die anderen in einem Luxusresort. Das Freizeitangebot konzentriert sich auf den Wassersport. Es gibt Tauch- und Segelschulen. Mit einem Fahrrad ist die acht Kilometer lange Insel in etwas mehr als zwei Stunden umfahren. Die Küche auf Boracay ist so international wie das Publikum. Zahlreiche Chalets und Restaurants werden von Europäern und Amerikanern betrieben. Es gibt eine Diskothek auf Boracay und die legendäre *Beachcomber Bar*, um die sich in Reiseberichten viele Legenden ranken. Abends ist sie der Treffpunkt für die unermüdlichen Nachtschwärmer.

Boracay Island hat sich zum internationalen Treffpunkt gemausert

Ein Blick in das *Kar-Tir-Shell Museum* in dem Örtchen *Ilig-Iligan* ist zu empfehlen. Es gibt u.a. einen Überblick über die seltenen Muschelarten, die um Boracay herum gefunden werden.

Philippine Airlines unterhält täglich Flüge zwischen Manila und Kalibo auf Panay. Dann geht es in einer zweistündigen Fahrt im klimatisierten Minibus bis Caticlan und in 15 Minuten mit einem Auslegerboot nach Boracay. Aerolift und Pacific Airways fliegen mit kleineren Maschinen Caticlan direkt an.

Resorts: *Club Panoly, Boracay Island, Tel. 36/288 31 34, 30 11, Kategorie 2; Boracay Beach & Yacht Club, Boracay Island, Tel. 36/522 36 36, Kategorie 3; Mila's Beach Resort, Boracay Island, Tel. 36/288 36 37, Kategorie 3; Fridays, Boracay Island, Tel. 36/288 62 00, Kategorie 3; Pearl of Pacific, Boracay Island, Tel. 36/288 32 20, Kategorie 3*

Iloilo **(110/B 4)**

Mit 30 000 Einwohnern ist Iloilo City, Hauptstadt der gleichnamigen Provinz im Südosten von Panay, auch die größte Stadt der Insel. Iloilo City erreicht man mit einem Fährschiff von Negros aus über die Straße von Guimaras. Die Spanier hatten die Stadt mit dem *Fort of Nuestra Señora del Rosarío* (Fort San Pedro) befestigt. Errichtet im Jahr 1617, diente es vor allem dem Schutz vor marodierenden Moro-Piraten aus dem Süden. Zwei Kirchen verdienen Beachtung: die Renaissancekirche aus dem 18. Jahrhundert im Distrikt Molo sowie die gotische Kathedrale von Jaro.

Innerhalb einer Viertelstunde kann man nach *Guimaras Island* übersetzen. *Catilaran Cave* bei *Nueva Valencia* ist ein stark besuchter Wallfahrtsort. Am Karfreitag rutschen Tausende betend auf den Knien durch die Höhle. Nördlich von Iloilo City, entlang der Küste bei Pavia, Sta. Barbara und Cabatuan sind mehrere Kirchen aus dem 18. Jahrhundert zu besichtigen. *Sicogon Island*, nur 20 Bootsminuten von Iloilo City entfernt, wurde zu einem Luxusresort ausgebaut, das sich über eine Fläche von 1 000 Hektar ausdehnt.

Eineinhalb Stunden westlich von Iloilo City, an mehreren Beach Resorts vorbei, gelangt man zu der gewaltigen Festungskirche von *Miagao*. Sie wurde vor 200 Jahren als Bollwerk gegen muslimische Piraten erbaut.

Empfehlenswerte Hotels und Resorts: *Hotel del Rio, M.H. del Pilar St., Molo, Iloilo City, Tel. 33/335 11 71, 11 72, Kategorie 3; Sarabia Manor Hotel, Gen. Luna St., Iloilo City, Tel. 33/335 10 21, Kategorie 3; Villa Rosa by the Sea, Calaparan, Iloilo City, Tel. 33/769 53, Kategorie 1; Pa-on Beach Club, Barangay Pa-on, Estancia, Iloilo City, Tel. 33/444, Kategorie 1; Nagarao Island Resort, Jordan, Guimaras Island, Tel. 33/329 00 78, Kategorie 2; Sicogon International Resort, Sicogon Island, Tel. 33/894 47 30, Kategorie 1–2*

Kalibo **(110/A 2)**

Die Küste entlang, westlich über *San Jose de Buenavista*, Provinzhauptstadt von Antique, führt die Straße nach Kalibo in der Provinz Aklan. Das *Ati-Atihan Festival* in der Karwoche lockt Tausende nach Kalibo. Höhepunkt des Festes ist die Santo-Niño-Prozession am Ostersonntag.

Um die Festwoche herum sind die Hotels in der Umgebung ausgebucht: *Beachcomber Inn, N. Roldan St., Kalibo, Tel. 36/ 26 24 86, Fax 868 47 65; Glowmoon Hotel, S. Martelino St., Kalibo, Tel. 36/262 30 73, Kategorie 3;* weitere Unterkünfte im *Youth Hostel* und *LM Plaza Lodge, Martyrs Street*

ROMBLON

(**108–109/C–D 4–5**) Die 20 Inseln der Romblon-Gruppe mit der gleichnamigen Provinz und Hauptstadt liegen nördlich von Panay. Die wichtigsten Inseln sind *Romblon, Sibuyan* und *Tablas.* Auf Romblon dreht sich alles um den weißen Marmor. Die Lagerstätten hierfür sind gewaltig. Und so ist denn auch jeder auf Romblon, der zwei gesunde Hände hat, damit beschäftigt, den weißen Marmor in alle nur denkbaren nützlichen und unnützen Objekte zu verwandeln. Romblon verfügt über einen geschützten Hafen, in dem gelegentlich auch Kreuzfahrtschiffe anlegen.

BESICHTIGUNGEN

Unmittelbar am *Hafen* von *Romblon* läßt sich ein Überblick über die Marmorverarbeitung, vom Bruch bis zur Schleiferei, gewinnen. Darüber hinaus ist nur die *Romblon Cathedral* einen Besuch wert. Zu sehen sind ein kostbarer byzantinischer Altar und mehrere alte Gemälde. Auf einem Hügel über der Stadt liegt die Ruine des *Fort San Andres.*

Auf der Insel *Tablas* (**108/C 4–5**), 45 Minuten mit dem Boot von Romblon entfernt, sind in den Wäldern bei San Andres und Odiongan zwei beeindruckende Wasserfälle zu sehen.

ÜBERNACHTUNG

Auf Romblon gibt es zwar sehr schöne Strände, aber keine aufregenden Resorts. Zu erwähnen sind: *Tiamban Agua Club* und *Marble Beach Resort,* beide *Kategorie 3* in Sitio San Pedro

SAMAR

(**111/D–F 1–3**) Eine der am wenigsten entwickelten Inseln in den Visayas ist Samar, die zweitgrößte der Inselgruppe. Die Bewohner nennen sich Waray und ihren Dialekt Waray-Waray. Samar ist im Inneren noch immer eine Probleminsel, eines der sogenannten *liberated territories* der kommunistischen Neuen Volksarmee.

BESICHTIGUNGEN

Catarman (**111/D 1**), die Hauptstadt von Northern Samar, dient eigentlich nur als Ausgangspunkt für weitere Reisen auf der Insel. So beginnt bei *Allen* (**111/D 1**) an der Nordwestspitze eine der landschaftlich schönsten Routen der Philippinen. Die Straße führt an der Küste entlang südwärts, windet sich über steile Klippen und um romantische Buchten. Landeinwärts ragen steile Berghänge in die Höhe. Bei *Viriato,* etwa auf halber Strecke nach Calbayog, stürzen Wasserfälle in die Tiefe.

Entlang der Küste gibt es einige einfache Unterkünfte. *Calbayog Hotel, Calbayog; Flying Doghouse Resort, San Antonio; Fortune Hotel, Del Rosario St.; Villa Rosario Pension Houses, Cathbalogan.*

Über die San Juanico Bridge im Südwesten erreicht man Leyte.

Erntezyklen bestimmen das Zeitmaß

Moscheen, Minarette und der Ruf des Muezzins – im »wilden Süden« ist alles anders

Im »wilden Süden« schlägt die Uhr noch um einige Takte langsamer als in den Visayas, und in weiten Gebieten des Landesinneren wird das Zeitmaß ohnehin nur in Erntezyklen gemessen. Das Geldscheffeln ist nicht der wichtigste Lebensinhalt; mit den Göttern und der Schöpfung eins werden kann man nicht im Minutentakt. Was die vielen Völker auf Mindanao – die Mandayas und Mansakas um Davao, die Maranaos von Lanao, die Maguindanaos, Tausug, Kulaman und T'boli – brauchen, bringt die Natur auch ohne Zutun des Menschen hervor. Nicht nur an der Sprache merkt man, daß die Spanier damals an den Küsten von Mindanao abgeblitzt sind. Mit den benachbarten Indonesiern vermögen sich die Bewohner der zweitgrößten Insel im philippinischen Archipel besser zu verständigen als mit den Manilaos. Auch kulturell sind die Völker von Mindanao anders geblieben. Den Verführungen aus dem Westen, mit den Spaniern oder den Amerikanern importiert, haben sie weitgehend widerstehen können.

Kinder vom Volk der T'boli

Über Mindanao weht die grüne Fahne des Propheten. Je nachdem, wem man glauben möchte, der Regierung in Manila oder dem Muslimführer Nur Misuari, leben auf Mindanao zwischen 2,5 und fünf Millionen Muslime. Doch hat der Gott der Muslime keinen exklusiven Platz inne: Er muß sich die Moschee mit Geistern teilen, die die Völker von Mindanao aus ihrer vorislamisch-animistischen Zeit mitgebracht haben. Pauschal von Moro zu reden, ein Sammelbegriff der Spanier, der die Muslime eigentlich herabwürdigen sollte, ist denn auch nicht korrekt. Zu vielfältig sind die Menschen und Kulturen, von denen einige im Inneren der Bergdschungel noch auf der Entwicklungsstufe von Sammlern und Jägern stehen.

Auf Mindanao gärt es, und das nicht nur unter den Hüten der vielen Vulkane. Die Menschen auf Mindanao sind bereit, ihr Anderssein mit ihrem Leben zu verteidigen. Dazu haben sie genügend Gründe. Die politisch motivierte Migration katholischer Filipinos in den Süden und der Raubbau an den unerschlossenen Reichtümern im Stammland der Muslime hat in den zurückliegenden zwanzig Jahren bereits mehr als 80 000 Menschenleben gekostet. Inzwischen haben die Moro ihr Ziel erreicht: die kulturelle und begrenzte politische Selbstverwaltung in sieben Provinzen.

Mindanao zu bereisen ist noch immer ein Abenteuer, zumal die Infrastruktur noch nicht weit entwickelt ist. Und solange sich der Frieden noch nicht überall auf der knapp hunderttausend Quadratkilometer großen Insel herumgesprochen hat, bleiben dem Reisenden weite Gebiete von Mindanao verschlossen.

CAMIGUIN

(111/D-E 6) Mit sieben Vulkanen ist Camiguin ziemlich vollgepackt. Ansonsten ist die kleine Insel vor der Nordküste von Mindanao ein noch immer unverdorbenes Paradies aus leeren Stränden und stillen Buchten, dichten Wäldern und bunten Fischen in ausgedehnten Korallenbänken. *Mambajao*, die Provinzhauptstadt, erreicht man etwas beschwerlich mit Flugzeug und Jeepney, um dann festzustellen, daß außer einem abendlichen Besuch in der *Love City*, der biederen Dorfdiskothek, nicht viel zu tun ist. Übernachtung: *Tree House, Bolok-Bolok; Tia's Beach Cottages, Tapon; Tia's Pension House, Mambajao; alle Kategorie 3*

BESICHTIGUNG

Hibok-Hibok Volcano
Zuletzt hat der Hibok-Hibok im Jahr 1951 Feuer gespien. Inzwischen ist der Krater (1320 m) mit Regenwasser gefüllt. Auf halber Höhe, in der Comvol Station, sind freundliche Vulkanologen bereit, die Arbeitsweise der seismographischen Instrumente zu erklären. Der Kratersee kann in vier Stunden erreicht werden. Wer den Abstieg am selben Tag nicht schafft, kann in der seismographischen Station übernachten.

ZIELE IN DER UMGEBUNG

Die schönsten Strände und einfache Strandresorts findet man in der Umgebung von *Agoho* und *Bug-ong: Camiguin Seaside Logde, Agoho; Morning Glory Cottages, Agoho; Caves Resort mit Tauchschule, Agoho; Jasmine by the Sea, Bug-ong*

DAVAO

(117/E 4) »Königin der Früchte« nennen die Davaoenos die Durian, ein stacheliges Etwas in der Größe und Form eines Rugbyballes. Doch das ist Glaubenssache. Dem Durchschnittseuropäer ist sie eher als Stinkfrucht bekannt. Vielleicht ändert sich die Einstellung, wenn man den süßlichen Fäulnisgeruch überwindet und das weiße Fleisch genüßlich auf der Zunge zergehen läßt. Den Davaoenos ist die Durian jedenfalls unter all den herrlichen Tropenfrüchten, die im Hinterland der Stadt wachsen, ein Denkmal wert: ein riesiges Abbild des grünen Igels vor dem Rathaus. Mit 900 000 Einwohnern ist Davao City im Süden

MARCO POLO TIPS FÜR MINDANAO

1 **Mt. Apo National Park**
Die Route zum Gipfel führt durch ein einzigartiges Biotop (Seite 76)

2 **Eagle Breeding Station**
Zuchtstation für den großen Philippinischen Adler (Seite 77)

3 **Marawi**
Eine »Lehrstunde« muslimischer Kultur auf Mindanao (Seite 78)

4 **Samal Island**
Luxuriöse Resorts, Wassersport und schöne Tauchgründe (Seite 77)

von Mindanao die zweitgrößte Stadt auf den Philippinen, von der Fläche her jedoch sogar die größte.

BESICHTIGUNGEN

Die Stadt selbst hat nur wenige Attraktionen. Mit einem Bummel durch *Chinatown* und der Besichtigung des *Lon-Wa-Buddhist-Tempels* in der *Cabaguio Av.* und des *Taoistischen Tempels* in der *Leon Garcia St.* sind sie im wesentlichen abgehakt.

Ein paar Stunden sollte man für das *Dabaw Museum* in *Lanang* einplanen. Gezeigt wird eine völkerkundliche Sammlung der Minderheitenvölker Südmindanaos (*Di–So 9–17 Uhr*).

Davao City ist das Sprungbrett für zwei denkwürdige Unternehmungen: das Abenteuer einer Besteigung des *Mt. Apo*, des höchsten Berges der Philippinen, und die Versenkung in absoluter Entspannung in den Luxus des *Pearl Farm Beach Resort* auf der Insel *Samal*.

RESTAURANTS

Eine gute Auswahl chinesischer Restaurants findet man in *Chinatown* und an der *Florentino Torres St.* Örtliche Delikatessen sind *kilawin,* eine Zubereitung mit rohem, mariniertem Fisch, und *tuba,* ein potenter frischvergorener Palmwein. Davao ist berühmt für seine große Auswahl an tropischen Früchten, die besten Mangos auf den Philippinen und natürlich die Durian.

EINKAUFEN

Aldevinco Shopping Center
Führt eine große Auswahl an Kunsthandwerk aus den verschiedenen Regionen von Mindanao. Empfehlenswert sind verzierte Gefäße und Tabletts aus den Werkstätten muslimischer Bronzegießer sowie Gebrauchskunst der Stammesvölker. *Claro M. Recto Av.*

Chinatown
Chinesisches Porzellan, auch antike Stücke, sowie chinesisches Kunsthandwerk zu vernünftigen Preisen. *Leon Garcia St.*

HOTELS

Apo View Hotel
Ein gut geführtes Hotel mit internationalem Standard. Im selben

Gebäude befindet sich die Touristen-Information. *150 Zi., Davao City, J. Camus St., Tel. 82/221 22 81, Fax 221 07 48, Kategorie 2*

Durian Hotel
Ein sehr ansprechendes Hotel, geschmackvoll gestaltet. Zimmer mit allen Annehmlichkeiten eines internationalen Touristenhotels. *250 Zi., Davao City, J. P. Laurel Av., Tel. 82/729 21, Kategorie 1*

Hotel Maguindanao
Ein Hotel mit hohem Standard. *250 Zi., C.M. Recto Av., Davao City, Tel. 82/221 28 94, Kategorie 2*

Insular Century Intercontinental Inn
Ein Luxushotel in weiträumigen Parks, die den Gärten von Versailles nachempfunden sind. *300 Zi., Lanang, Davao City, Tel. 82/234 30 50, Fax 629 59, Kategorie 1*

The Manor Pension House
Klimatisierte Zimmer mit Bad. *25 Zi., Davao City, A. Pichon St., Tel. 82/221 25 11, Kategorie 3*

Traders Inn
Ein ordentliches Budget-Hotel. *75 Zi., De la Cruz St., Davao City, Tel. 82/221 40 71, Kategorie 3*

AUSKUNFT

Department of Tourism
Davao Regional Office, Door Nr. 7, Magsaysay Park Complex, Sta. Ana District, Davao City, Tel. 82/221 69 55, Fax 82/221 00 70

Haiwarnung
In den Gewässern südlich von Davao City, beispielsweise im Bereich von Talikid Island vor Samal, gibt es Haie. Daher vor Ort erkundigen!

ZIELE IN DER UMGEBUNG

Mt. Apo National Park (117/D 4)
★ Nach den Legenden der Bagobo, die an den Hängen des Berges wohnen, ist der Gipfel des Mt. Apo (2954 m) das Dach der Welt. Und der dichte Dschungel, der den Berg umgibt, ist der »Garten Eden«. Die Ausweisung als Nationalpark hat dieses einzigartige Biotop dem Zugriff des Menschen entzogen. Der Aufstieg führt durch jungfräulichen Urwald mit mannshohen Farnen, überschattet von gewaltigen Urwaldriesen, an die sich wilde Orchideen klammern. Fliegenfallen und andere insektenfressende Pflanzen wachsen aus dem feuchten Boden, und dem Glücklichen zeigt sich der *monkey eating eagle*, der Philippinische Adler, einer der größten seiner Familie. Der Treck führt an Wasserfällen vorüber und durch den faulen Dampf von Schwefelquellen, vorbei an himmelblauen Seen und kochenden Schlammsuhlen. Die letzte Eruption wurde im Jahr 1640 registriert. Für die Besteigung des Berges braucht man geeignetes Schuhwerk und gute körperliche Kondition. Denn Auf- und Abstieg dauern vier bis fünf Tage.

Der erste Tag führt frühmorgens mit einem Jeepney nach *Kidapawan* in der Provinz Cotabato. Hier müssen sich die Trecks im Rathaus registrieren lassen. Es empfiehlt sich, bereits hier Träger aufzunehmen. Weiter geht es mit einem Jeepney nach *Illomaris* und von dort in zwei bis drei Stunden zu einer Hütte für die erste Übernachtung. Die zweite Etappe erfordert sechs bis acht Stunden Aufstieg mit Übernachtung im Freien. Entsprechende Ausrüstung, vor allem Regenschutz, ist erforderlich. Am dritten Tag erreicht man nach zwei bis drei Stunden über steile, glitschige Pfade den Gipfel. Schwefeldämpfe steigen aus dem Krater, der ansonsten jedoch sehr friedlich ist. An wolkenlosen Tagen, wenn der Hut des Berges von der Sonne aufgesogen wird, kann man weit über Mindanao blicken, auf Davao City hinunter und den Pazifischen Ozean. Am selben Tag kann man wieder zum Basislager des ersten Tages absteigen und am nächsten wieder in Davao City sein.

Eagle Breeding Station **(117/D 4)**
★ In einer einstündigen Fahrt von Davao aus mit einem Jeepney (Abfahrt *Bankerohan Market*), zunächst südwestlich und dann nach Norden, erreicht man *Calinan* zur Besichtigung der Zuchtstation für den »monkey eating eagle«. Diese bedrohte Spezies gehört zu den größten Adlern der Welt. Der Station ist es gelungen, die Population in den südlichen Bergen von Mindanao wieder zu verstärken.

Samal Island **(117/E 4)**
★ Das *Pearl Farm Beach Resort* auf dieser Insel zählt zu den schönsten Ferienanlagen der Philippinen. Es bietet angenehmen Luxus, gute Wassersportmöglichkeiten, eine internationale Küche und vor der Insel aufregende Tauchgründe. Weitere Luxus-Resorts auf der Insel sind geplant. *Samal Casino Resort, Tel. 82/221 99 87, Kategorie 1.* An der *Paradise Island Beach* auf Samal gibt es auch einfache Resorts wie das *Paradise Island Beach Resort* und das *Coral Reef Beach Resort.*

LANAO DEL SUR

(116/B-C 2-3) Moscheen, Minarette und der Ruf des Muezzins prägen den Charakter dieser Provinz. Sie ist das Kernland des islamischen Südens und war einst

Kauf heute – stirb später

Antonio Gomez gewährt seinen Kunden Rabatte, luxuriöses Zubehör und kostenloses Make-up. »Das Geschäft ist schlechter als vor einem Jahr.« Antonios Lamento bedeutet frohe Botschaft für Davaos Bürger. Er verkauft Särge. »Vor einem Jahr gab's pro Woche wenigstens 15 Tote. Heute zählen wir kaum zehn politische Morde in einem Monat.« In Davao, der entlegensten Provinz auf den Philippinen, können sich ohnehin nicht alle Bürger einen Sarg leisten. »Zu wenige Jobs und zuwenig zu essen«, klagt Rontilla, eine Tagelöhnerin in einer Fischkonservenfabrik. Seit Manila mit den Kommunisten und den muslimischen Rebellen verhandelt, wird um Davao weniger gekämpft. Antonio Gomez, der Sargmacher, betrachtet das Geschehen in Manila mit geduldigem Zweifel. Sollten die Friedensverhandlungen scheitern, wird der bewaffnete Kampf nirgendwo heftiger fortgesetzt werden als um Davao. Antonio macht aus der politischen Ungewißheit ein Geschäft. »Kauf heute«, rät er, »und stirb später.«

Sitz eines mächtigen Sultanats. Das Herz der Provinz ist der *Lake Lanao,* umgeben von fruchtbaren Ebenen. Die farbenfrohen Moscheen in leuchtendem Rosa, Gelb und Grün, gekrönt von silberfarbenen Kuppeln, liegen wie Edelsteine im satten Grün der Reis- und Maisfelder.

Die Hauptstadt der Provinz ist *Marawi* am Lake Lanao. Dies ist das Stammland der Maranao, einer der einflußreichsten muslimischen Clans auf Mindanao. Am farbigsten ist die Stadt an den Markttagen, donnerstags und sonntags, wenn die bunten Boote aus den Dörfern am Seeufer nach Marawi kommen, um ihre landwirtschaftlichen und handwerklichen Produkte anzubieten. Frauen und junge Mädchen im traditionellen *marong,* einem sarongähnlichen Rock mit bunten Blusen in hellen Farben, beherrschen die Straßen; die Frauen, um Handel zu treiben und zu schwatzen, die jungen Mädchen, um gesehen zu werden.

Die Maranao-Gesellschaft ist noch immer streng hierarchisch-feudalistisch strukturiert, mit den Nachfahren der Sultane und des niederen Adels an ihrer Spitze. Mit dem Titel kommt jedoch heute nicht mehr automatisch politische Macht. Auch die Gesellschaftsordnung der Muslime mußte sich den demokratischen Institutionen der Philippinen beugen.

ORT

Marawi (116/C 3)

★ Die Stadt ist der geistige und kulturelle Mittelpunkt des islamischen Südens. Im Stadtbild dominieren denn auch die goldfarbenen Kuppeln der *King Faisal Mosque* mit dem *Institute of Islamic and Arabic Studies.* Das saudiarabische Königshaus hat diese Moschee gestiftet, ebenso wie den freundlichen, mit Blumenrabatten belebten Campus. Diese islamische Universität wird von Studierenden aus vielen muslimischen Ländern besucht.

Ein klassisches Maranao-Haus für eine Adelsfamilie kann am *Quezon Bd.* besichtigt werden. Eine der bedeutsamsten Institutionen für tertiäre Bildung ist die *Mindanao State University,* eine Einrichtung, die der ethnischen und kulturellen Integration der inzwischen durch Migration vermischten Bevölkerung von Mindanao dienen soll. Die Hälfte der Studierenden hier sind Christen.

Ein wenig außerhalb der Stadt ragt der *Sacred Mountain* (150 Meter) aus der Ebene. Auf seinem Gipfel liegt ein See, um den sich viele, zum Teil angsteinflößende Geschichten aus der vorislamischen Zeit ranken. Vom Plateau des Hügels aus hat man einen weiten Blick auf eine der friedlichsten Landschaften der Philippinen.

MUSEUM

Aga Khan Museum

Dies ist die bedeutendste völkerkundliche Sammlung der Philippinen mit einem tiefen und umfassenden Einblick in die Vorgeschichte und islamische Geschichte von Mindanao und der Maranao-Gesellschaft. Die Ausstellung führt durch die Kunst der Maranao, zeigt ihr Kunsthandwerk und ihre rituellen Artefakte. Eine eigene Abtei-

Die Badjaos von Zamboanga pflegen eine alte Tradition: den Schmuggel

lung ist der Naturkunde von Mindanao gewidmet. *Campus des Institut of Islamic and Arabic Studies, Sa–Do 9–18 Uhr*

EINKAUFEN

Ein gutes Angebot an Kunsthandwerk und Souvenirs bietet der *Marawi-Markt an jedem Do und So.* Maranao-Textilien kann man in einem Laden am *Dansalan College* in Auftrag geben.

HOTEL

Marawi Resort Hotel
Ein gutes Hotel mit internationalem Standard, aber ohne Alkoholausschank. *Auf dem Campus der Mindanao State University gelegen, 120 Zi., Kategorie 3*

ZIEL IN DER UMGEBUNG

Tugaya **(116/C 3)**
Mit einem Boot oder einer Pferdekutsche kann man dieses Dorf der Bronzegießer am Ufer des Lake Lanao besuchen. Hier hat jedes Haus einen Blasebalg und eine Bronzegießerei, eine Schmiede oder einen Webstuhl. Hier werden nach traditionellen Mustern Gongs und Trommeln, Kannen, Krüge und Tischschmuck hergestellt. Besucher zum Zuschauen und Kaufen sind willkommen.

ZAMBOANGA

(115/D-F 1-3) Die Nase, mit der Mindanao nach Westen zeigt, ist die Halbinsel Zamboanga. So heißt auch die Provinzhauptstadt. Jeder, der sich mit Piraterie und Schmuggel im Südchinesischen Meer befaßt, kennt Zamboanga City **(115/E3)**. Beides hat hier eine lange Tradition. Die philippinische Regierung hat sich dem gebeugt und zumindest den Schmuggel als Tauschhandel legalisiert. Die *kumpits,* die traditionellen Motorschiffe der Samal und Badjao, der Seeräuber und Seezigeuner, kennen daher keine Grenzen.

BESICHTIGUNG

Am lebendigsten ist die Stadt am *Hafen.* Die Märkte an der Werft sind ein buntes Kaleidoskop der Völker und Waren Ostmalaysias und des indonesischen Archipels. Bereits die Kinder der Samal und Badjaos sind Händler. In ihren einbaumähnlichen Kanus warten sie an der Werftmauer, um mit viel Geschrei Muscheln und Korallen unter die Touristen zu bringen. Um die Ecke liegt *Rio Hondo*, das Wasserdorf der Badjao. Die *City Hall* hinter der Werft gestattet einen Blick auf den kolonialen Einschüchterungsbarock aus den USA. Ganz in der Nähe liegt *Fort Pilar*, ein Gigant aus Korallensteinen aus dem Jahr 1635, der die muslimischen Piraten fernhalten sollte. Was die Festung nicht vermochte, schaffte immerhin die *Jungfrau von Del Pilar*, die Schutzpatronin von Zamboanga, deren heiliger Schrein in die Ostmauer des Forts eingelassen ist.

RESTAURANTS

Gute Restaurants gibt es nur in den Hotels. Ansonsten findet man in der Umgebung der *Plaza Pershing* eine Vielzahl von kleinen Restaurants und Snackbars. Versuchen Sie doch mal *curacha*, einen Lobsterkrebs.

EINKAUFEN

Der *Barter Trade Market* an der Werft ist wegen Kunsthandwerk, Korallen und Muscheln für Sammler empfehlenswert. Besonders attraktive Souvenirs sind die farbenfrohen Webstoffe von der Insel *Basilan.*

HOTELS

Lantaka Hotel
Ein Hotel mit internationalem Standard. *250 Zi., Valderosa St., Zamboanga, Tel. 62/991 20 33, Kategorie 2–3*

Hotel Presiosa
Ordentliche Zimmer mit Klimaanlage, Bad und Fernseher. *175 Zi., Mayor Climaco Av., Zamboanga, Tel. 62/991 20 20, Kategorie 3*

Zamboanga Hermosa Hotel
Ein Hotel der Touristenklasse mit ausreichendem Serviceangebot. *150 Zi., Mayor Jaldon St., Zamboanga, Tel. 62/991 20 40, Fax 991 62 26, Kategorie 3*

AUSKUNFT

Zamboanga Regional Office
Lantaka Hotel, Valderrosa St., Zamboanga City, Tel. 62/991 02 18, Fax 991 02 17

ZIELE IN DER UMGEBUNG

Basilan Island **(115/D–E 3–4)**
Jenseits der Straits of Basilan liegt Basilan Island, eine selbständige Provinz. Die Überfahrt mit der Fähre dauert zwei Stunden. Diese Insel ist das Stammland der Yakan. Donnerstags und sonntags kann man ihnen auf dem Markt von *Lamitan* begegnen, einem Dorf 30 Jeepneyminuten östlich vom Hafenstädtchen *Isabela* entfernt. An den Küsten von Basilan liegen noch touristisch unberührte Wasserdörfer.

Dakak Park & Beach Resort **(116/B 2)**
In 45 Minuten fliegt man von Zamboanga nach *Dapitan*, Pro-

Weithin sichtbar ist die Moschee des Wasserdorfes Taluksangay

vinzhauptstadt von Zamboanga del Norte. Der Abstecher lohnt sich wegen des schön gelegenen und gut geführten *Dakak Park & Beach Resort, Dapitan City, Tel. 2/721 04 47, Fax 722 24 63, Kategorie 2–3*

Pasonanca Park (115/E 3)
Der Vergnügungspark von Zamboanga liegt eine halbe Jeepneystunde nördlich der Stadt, im Landesinneren. Insbesondere Paare auf Hochzeitsreise – und natürlich auch alle anderen Besucher – können hier kostenlos eine Nacht in einem Baumhaus verbringen.

Santa Cruz Island (115/E 3)
Eine Viertelstunde Fahrt vor Zamboanga liegt Santa Cruz, eine Insel mit schönen Badestränden und vielen Seezigeunern, die den Touristen gern etwas verkaufen möchten. Die muslimischen Samal haben auf der Insel ihren Friedhof. *Boote ab Lantaka Hotel*

Taluksangay (115/E 3)
An der Nasenspitze von Zamboanga westwärts ragt eine Moschee über die Dächer der Stelzenhäuser von Taluksangay, einem Wasserdorf vieler Völker, der Samal, Badjao, Tausug und Yakan. Besuchern zeigen die Einwohner gern ihr Kunsthandwerk, vor allem ihre farbenfrohen Matten aus einheimischen Blättern und Gräsern. Der nächste Ort ist *Campo Islam,* ein Wasserdorf der Tausug.

Tawi Tawi Islands (114/A–B 5–6)
Für einen Besuch im Sulu-Archipel empfiehlt sich als Ausgangspunkt Zamboanga. Philippine Airlines fliegen täglich nach *Jolo* und *Tawi Tawi.* Dies ist das Kernland des philippinischen Islam. Beide Städte sind auf Stelzen über glasklarem Meer erbaut und werden von imposanten Moscheen überragt. *Helen's Lodge* in *Jolo* ist die einzige, äußerst bescheidene Unterkunft.

Wege, die ins Nirgendwo führen

Abenteuer pur: undurchdringlicher Dschungel, seltene Schmetterlinge, scheue Inselbewohner

Ein ganzes Stück südwestlich von Luzon und vor der Nordspitze von Borneo liegt der Appendix des philippinischen Archipels, die Insel Palawan. 397 Kilometer Berge und Dschungel, 40 Kilometer breit und zum Teil noch nicht erschlossen. Die Bataks und Palawenos, zwei Negrito-Völker, haben die Insel noch weitgehend für sich allein. Obwohl sie kaum besiedelt ist, kommen aus den übervölkerten Teilen der Philippinen nur wenige in die noch recht rückständige Einsamkeit. Eine Reise durch Palawan ist in jeder Hinsicht ein Abenteuer. Die wenigen Straßen, die es gibt, führen nirgendwo hin, und zu Fuß und per Boot ist das Vorwärtskommen etwas beschwerlich. Dafür wird man jedoch mit einer einzigartigen Flora und Fauna belohnt, wie sie nirgendwo sonst auf den Philippinen anzutreffen ist. In den Dschungeln leben Zwergrehe und Nashornvögel, an den steilen Felsküsten nisten Adler und Schwalben, und Insektenforscher aus aller Welt machen Jagd auf seltene Schmetterlinge. Das alles mag sich einmal ändern, wenn in den Gewässern um Palawan herum Öl gefördert werden sollte.

Für Abenteuerlustige: die Dschungelinsel Palawan

PUERTO PRINCESA

(112/C4) Die Provinzhauptstadt von Palawan ist eine Kleinstadt mit 100 000 Einwohnern, zum Teil noch mit schönen alten Häusern. Hier beginnt das Abenteuer Palawan. Alles, was es zu organisieren oder an Ausrüstung für Dschungeltrecks einzukaufen gibt, muß man in Puerto Princesa erledigen. Hier lassen sich auch durch die Vermittlung der Hotels organisierte Touren zusammenstellen. Über das *Asia World Hotel* kann man einen Flug über Palawan mit einem Hubschrauber arrangieren. Das *Bureau of Fisheries* weiß, wo es die besten Tauchgründe gibt. Die Stadt selbst hat außer einer Kathedrale wenig zu bieten.

EINKAUFEN

Culture Shack
Der kleine Laden an der *Rizal Av.* führt traditionelles Kunsthandwerk.

MARCO POLO TIPS FÜR PALAWAN

1 **Tabon Caves**
Das Höhlenlabyrinth von Tabon zählt zu den eindrucksvollsten Naturwundern der Welt (Seite 85)

2 **St. Paul Subterranian Park**
Hier verbirgt sich der Underground River tief im Erdinneren mit imposanten Hallen (Seite 86)

Iwahig Penal Colony
Die Bewohner dieser Strafkolonie, die sich hier zum Teil mit ihren Familien angesiedelt haben, stellen qualitativ hochwertige kunsthandwerkliche Objekte her. *20 km südlich von Puerto Princesa*

Medikamente
Palawan ist Malaria-Gebiet, daher unbedingt an die Prophylaxe denken und nur unter Moskitonetz schlafen. Eine akzeptable medizinische Versorgung gibt es nur in Puerto Princesa.

HOTELS

Da Palawan sehr dünn besiedelt ist, findet man richtige Hotels eigentlich nur in Puerto Princesa. In den kleinen Orten sind meist die Bürgermeister bereit, Unterkunft in Regierungsrasthäusern anzubieten.

Abelardo's Pension
Ein einfaches, sauberes Travellerhotel, gute Tips für Touren. *50 Zi., Demangga St., Puerto Princesa, Tel. 48/433 20 49, Kategorie 3*

Asia World Hotel
Das beste Haus am Platz mit allen Annehmlichkeiten eines modernen Touristenhotels. *300 Zi., Rizal Av., Puerto Princesa, Tel. 48/242 65 46, Kategorie 1–2*

Legend Hotel
Ein angenehmes, klimatisiertes Hotel mit Schwimmbad. *150 Zi., Malvar St., Puerto Princesa, Tel. 48/433 90 76, Kategorie 3*

Puerto Airport Hotel
Ein modernes und gemütliches Hotel mit klimatisierten Zimmern und Restaurant. *150 Zi., Rizal Av., Puerto Princesa, Tel. 48/433 65 11, Kategorie 2–3*

SPIEL UND SPORT

Palawan ist von ausgedehnten Unterwassergärten umgeben. Wegen Ausrüstung und Touren kann man im Restaurant *Zum kleinen Anker* nachfragen. *Rizal Av., Puerto Princesa*

ZIELE IN DER UMGEBUNG

Bat Island **(112/C 3)**
Tagburos in der Honda Bay, nördlich von Puerto Princesa, hat den schönsten Strand in der Nähe der Hauptstadt. Das Fischerdorf ist Ausgangspunkt für einen Tagestrip zur Bat Island, auf der sich riesige Kolonien von Fledermäusen eingenistet haben.

Calauit Island **(O)**
Giraffen, Löwen, Nashörner und Zebras gehören eigentlich nicht auf die Philippinen. Präsident Ferdinand E. Marcos in seinem

Größenwahn war da anderer Meinung. Er hat auf Calauit Island in der Calamian-Gruppe nördlich von Palawan Wildtiere aus Kenia angesiedelt. Dafür wurden einige hundert Eingeborenenfamilien zwangsweise auf eine Nachbarinsel umgesiedelt. Unter dem Vorwand, einen Beitrag zum Schutz bedrohter Tierarten leisten zu wollen, schuf Marcos jedoch einen Wildpark, in dem er und seine Günstlinge auf Großwildjagd gingen. Das Klima von Calauit Island scheint den importierten »Kenianern« gut zu bekommen: Sie vermehren sich. Die Insel darf nur mit Genehmigung der Conservation and Resource Management Foundation betreten werden. *Auskünfte erteilt das Department of Tourism, Tel. 2/59 90 31*

Dschungeltrecks

An den Tourenschaltern der Hotels kann man Auskünfte über Führer für einen Dschungeltreck einholen. Ein geeigneter Ausgangspunkt für diese Trecks ist *San Raphael*, wenige Minuten nördlich von Puerto Princesa. Diese Trecks führen quer durch die Insel in jene entlegenen Berggegenden, in die sich die Negritos zurückgezogen haben. Diese Ureinwohner von Palawan sind zwar sehr freundlich, aber ungemein scheu. Sie haben bisher einer festen Ansiedlung Widerstand geleistet. In San Raphael gibt es ein einfaches Rasthaus. Proviant für den Treck muß man jedoch aus Puerto Princesa mitbringen.

El Nido Resort **(113/D 1)**

Dieses großartige Wassersportresort liegt fast an der nördlichen Spitze von Palawan auf der Insel *Miniloc* bei *El Nido*. Hier kann man segeln, tauchen und windsurfen. An den schwarzen Klippen kann man der akrobatischen Ernte von Schwalbennestern zusehen, einer Delikatesse der chinesischen Küche. *Buchungen: Tel. 2/810 72 91, Kategorie 2*

Langen Resort **(113/D 1)**

Ein romantisches Wassersportresort und Globetrottertreff, etwa 45 Bootsminuten von El Nido entfernt, auf der Insel *Pangalusion* gelegen. Hier legen viele Yachten auf ihren Segeltouren durch die Südchinesische See an. Das Resort gehört einem Engländer. *Tel. 2/894 86 44 (Manila)*

Tabon Caves **(112/B 4)**

★ In diesem weitverzweigten Netz von mehr als 200 domartigen Höhlen wurden die ältesten bekannten Zeugen einer menschlichen Besiedlung der Philippinen gefunden. Der *Tabon Man* wurde auf 22 000 v. Chr. datiert. Spätere steinzeitliche Bewohner haben die Höhlen als Begräbnisstätten genutzt. Die archäologischen Ausgrabungen werden derzeit fortgesetzt. Die Tabon-Höhle ist zwar die größte unter den bislang 29 erschlossenen Höhlen, die Tropfsteinformationen der *Diwata Caves*, 30 Meter über dem Meer, sind jedoch attraktiver. *Der Bus ab Mendoza Park in Puerto Princesa braucht 3–4 Stunden bis Quezon. Mit dem Boot sind es weitere 15 Minuten bis zu den Höhlen.*

Tarampitao **(112/B 4)**

Dieser Ort bei Quezon ist etwas für Romantiker. An dem meilenlangen Strand lassen sich spektakuläre Sonnenuntergänge über der Südchinesischen See beobachten.

Underground River (112–113/C–D 3)

★ Dieser unterirdische Fluß in einem acht Kilometer langen verzweigten Höhlensystem liegt im gepflegten *St. Paul Subterranian National Park,* einem dschungelbewachsenen Stück Natur, zu Füßen des Mt. St. Paul (1028 Meter). Die Höhlen lassen sich nur während der Trockenzeit befahren. Der Zugang führt durch eine Lagune, die in die Höhle mündet. Ausgangspunkt für diese kleine Expedition ist *Baheli* an der Westküste von Palawan. *Jeepneys nach Baheli fahren am Markt in Puerto Princesa ab.* Von dort sind es mit einem Auslegerboot noch einmal drei Stunden. Übernachtung und Verpflegung gewähren die Bootsleute, die man auch als Führer anheuert. In Baheli gibt es aber auch ein einfaches Rasthaus.

Ursula Island (O)

Eine mindestens zweitägige Tour können Ornithologie-Interessierte nach Ursula Island machen: Auf dieser kleinen Insel, fünf Bootsstunden südöstlich von *Brooke's Point,* nisten Tausende von Vögeln, darunter Zugvögel aus China und Sibirien. Besonders eindrucksvoll ist die Stunde vor der Abenddämmerung, wenn die Vögel in Schwärmen von der Futtersuche auf den Nachbarinseln zurückkehren. Ursula Island ist ein Naturschutzpark, Genehmigungen zum Besuch erteilt die Küstenwache in Brooke's Point. Man kann auf der Insel im Freien übernachten, muß jedoch mit einem Bootseigner die Rückfahrt absprechen. Wasser und Proviant müssen mitgebracht werden. *Zwischen Puerto Princesa und Brooke's Point gibt es täglich zwei Busverbindungen ab Mendoza Park. Die Fahrt auf sehr schlechter Straße dauert acht Stunden.*

Zu manchen Fischersiedlungen gelangt man nur mit dem Boot

Kolonialbarock und wilde Bergvölker

Die hier beschriebenen Routen sind in der Übersichtskarte im vorderen Umschlag und im Reiseatlas ab Seite 106 grün markiert

① SPANISCHES AMBIENTE RUND UM DIE LAGUNA

Eine Tagesfahrt mit dem Auto von Manila um die Laguna de Bay ist es für denjenigen, der die Landschaft genießen, aber nicht aufs Detail achten will. Zwei Tage benötigt der bedachte Reisende, der die Landschaft die Menschen begreifen will. Die Straße führt von Manila südostwärts zunächst zum Wallfahrtsort Antipolo, dann über die Bildhauerstädtchen Pangil, Pakil und Peate zu den Wasserfällen von Pangsanjan und schließlich um die Laguna-Spitze herum wieder nordwärts zurück nach Manila (ca. 250 km).

Die Berge um die Laguna de Bay *(S. 46f.)* sind teils hügelig, teils zerklüftet.

Die an Wochenenden stark befahrene Route, die um die Laguna herumführt, berührt das Kernland der spanischen Kolonialisierung.

Wenn sich die Straße an der Laguna entlangschlängelt, sind es die Fischerdörfer, die den Reisenden faszinieren. Um es vorwegzunehmen: Die Fahrt um die Laguna führt nicht immer durch jungfräuliche Landschaft. Die Industrialisierung, vor allem nahe Manila, hat bereits ihre Spuren hinterlassen. Dennoch laden Kirchen, spanische Plazas und Märkte immer wieder zum Verweilen ein.

Zwei Routen führen aus Manila heraus, beide über Quezon *(S. 47)*. Sie wählen die nördliche Route über Marikina. Marikina vermittelt einen Eindruck davon, was eine unkontrollierte Industrialisierung anrichten kann. Bis man sich aus Manila mit dem Auto herausgequält hat, ist wegen der unzureichenden Infrastruktur bereits kostbare Zeit verstrichen. Wählen Sie also besser einen frühen Zeitpunkt, um die Tour zu beginnen.

Bei Kilometer 20, südlich von Marikina an der Kreuzung Cainta, stoßen Sie auf eine der ersten Siedlungen, die die Spanier vor 450 Jahren eroberten. Hier wenden Sie sich nach links in Richtung Südosten nach *Taytay*, einem Städtchen mit ähnlicher Geschichte, das heute von der chemischen Industrie stark in Mitleidenschaft gezogen ist. Ihr Ziel ist der Wallfahrtsort *Antipolo (S. 41f.)*. Alternativ können Sie einen Abstecher von Cainta vier Kilometer südwärts zu dem

Künstlerort *Agono* machen, um die Ateliers namhafter philippinischer Maler zu besuchen. Antipolo mit seiner Kathedrale ist der Heiligen Jungfrau des Friedens und der guten Reise gewidmet. Vor allem im Mai, wenn Taxifahrer und Lastwagenchauffeure als Pilger Nuestra Señora ihre Verehrung erweisen, pulsiert das Städtchen mit christlichen und weniger christlichen Riten. 17 km südlich über das Fischerdorf *Cordona* erreicht die Straße die alte spanische Stadt *Morong (S. 42).* Schon von weitem sind der Dom und der Turm der Kirche aus dem 17. Jh. sichtbar, die Hauptattraktionen des Ortes. Die Fernstraße windet sich um eine Bucht der Laguna de Bay nach *Tanay* zu überwältigenden Wasserfällen, die die Filipinos *Daranak* nennen. Dann sind es nur noch wenige Minuten bis *Pililla.* Inzwischen hat sich die Straße über 21 km in das hohe Bergland der Rizal-Provinz gewunden. Wohin sich das Objektiv Ihrer Kamera auch sendet, überall fängt es Postkartenmotive von großer Schönheit ein. Aus der Höhe fällt der Blick auf die Laguna de Bay. Dominant erhebt sich der Mt. Makiling, ein erloschener Vulkan, über die Landschaft. Zu Füßen des Vulkans werden die *Hot Spring Resorts,* Kurbäder mit Schwefelquellen, seit Jahrhunderten von Erholungssuchenden besucht. Hobby-Ornithologen werden an dem dicht bewachsenen Vulkan, der Heimat für viele tropische Vögel ist, ihre wahre Freude haben. Im Schatten des Mt. Makiling liegen die Städtchen *Mabitac* (mit einer schönen Kirche aus dem 17. Jh.) und *Siniloan.* Die Orte *Pangil, Pakil* und *Paete* (alle *S. 47*) sind die nächsten Stationen auf dieser Route. Hier scheint die Zeit bei den spanischen Conquistadores stehengeblieben zu sein: enge Sträßchen und spanische Villen, und im Zentrum, an der gepflasterten Plaza, drei der schönsten Kirchen der Philippinen im Kolonialbarock. Paete hat sich zudem den Ruf eines Zentrums für Holzschnitzerei erworben. Nehmen Sie sich ein wenig Zeit und genießen Sie das Atmosphäre dieser Orte, bevor Sie sich wieder auf die Straße begeben. Diese windet sich jetzt über Kalayaan in das malerische Städtchen *Pagsanjan (S. 42).* Es liegt eingebettet in die Berge, über deren 100 Meter hohen Hänge Wasserfälle in die Tiefe stürzen. Elf Katarakte kann der Mutige auf dem Pagsanjan River in einer einstündigen Bootsfahrt überwinden. Hier bietet sich für den gemächlich Reisenden im gepflegten *Pagsanjan Rapids Hotel (General Taino St., Tel. 49/808 41 80, Fax 833 86 40, Kategorie 3)* eine Unterbrechung der Fahrt an.

Das nächste Ziel ist die Provinzhauptstadt von Laguna, *Santa Cruz (S. 47).* Der Ort hat sich seine koloniale Architektur und Stadtstruktur erhalten können. Zwei Dinge machen Santa Cruz berühmt: die Käseherstellung und der Handel mit antikem chinesischem Porzellan. In einem Museum in Pila, wenige Kilometer südlich von Santa Cruz, sind Porzellanfunde aus den letzten Jahrhunderten aufbewahrt und erklärt. Eines der romantischsten Städtchen der spanischen Ära ist *Majayjay,* das über Luisiana in nur wenigen Minuten von Santa Cruz aus zu erreichen ist. Die engen Straßen des Ortes, die sich an einem Berghang hinaufziehen, offenbaren hinter jeder Windung neue, überwältigende architektonische Schätze aus dem 17. Jh. Der nächste Ort, den Sie auf dieser Route ansteuern, ist *Liliw* zu Füßen des Mt. Banahaw, des Berges der Hexer und Magier. Sehenswert ist auch hier die Barockkirche. Die dann folgende Station, *Nagcarlan (S. 46f.)*, ist einer der Höhepunkte Ihrer Fahrt um die Laguna. Die Kirche hier vereint spanischen Barock mit maurischen und javanischen Elementen. Auch den unterirdischen Friedhof sollten Sie sich ansehen. Das Gewölbe soll 1896 während des Aufstandes gegen die Spanier als Treffpunkt der Revolutionäre gedient haben.

Nun windet sich die Straße in das üppig tropische Bergland von *Los Baños (S. 23)*, das unter anderem wegen des dort ansässigen Instituts für internationale Reisforschung bekannt ist. Hier arbeiten Wissenschaftler aus aller Welt an der Züchtung von Hochertragssorten und an der Schädlingsbekämpfung, um möglichst viele Ernten zu ermöglichen. In der Umgebung von *Los Baños* gibt es heilende Schwefelquellen, die dem Ort seinen Namen gaben. Nächstes Ziel ist *Calabama,* Geburtsort des philippinischen Freiheitshelden José Rizals. Auch dieses Städtchen ist – nicht nur wegen Rizals Geburtshaus – eine Pause wert. Ab hier haben die nun folgenden Orte an der Laguna – meist Fischerdörfer – nicht mehr viel an Sehenswertem zu bieten. Allerdings sind auf der Rückfahrt nach Manila die Jeepney-Fabriken von *Sarao* und die Bambusorgel von *Las Piñas* einen Abstecher wert.

② REISTERRASSEN UND WILDE KRIEGER

Ausgangsort dieser Autoroute durch die Stammeskulturen der Bergvölker ist Baguio City in der Mountain Province von Nordluzon. Diese Bergregion teilen sich die Völker der Igorot, der Ifugao und Kalinga Apayao. Um in das Igorot-Land vorzudringen, müssen Sie in Baguio eine Entscheidung treffen: Entweder mieten Sie sich ein Auto, oder Sie bedienen sich der Überlandbusse. Das Auto macht selbständiger, aber die oft unbefestigten Straßen sind ein wenig beschwerlich zu befahren. Die Topographie der Landschaft erfordert gelegentlich Sternfahrten mit Rückkehr zum Ausgangsort. Um wirklich in die Stammeskulturen einzudringen, muß man auch einmal das Auto stehenlassen und zu Fuß in die Berge trekken. Für eine ausgiebige Erkundung der Stammesgebiete müssen Sie 4–5 Tage veranschlagen.

Sie sind nicht mehr ganz so wild wie zur Zeit der spanischen Eroberer, die Bergprovinz-Völker im nördlichen Hochland von Luzon. Aber die Modernisierung und Verwestlichung hat sie noch nicht so stark überrollt, daß sie ihre kulturelle Identität verloren hätten. Ihre Stammeskulturen sind noch nicht gänzlich zur Touristenattraktion verkommen, vor allem nicht in Hochlanddörfern wie Batad und Cambulo oder gar weiter im Landesinneren. Es empfiehlt sich, schon einmal ein paar Stunden in einem Dorf zu verweilen, um mehr als müde vorgeführte Kriegstänze zu erleben und exotisch anmutende

Hütten zu sehen. Die Attraktion der Stammeskulturen liegt in ihren alltäglichen traditionellen Lebensweisen.

Baguio City (S. 50ff.) ist das Verwaltungszentrum der Mountain Province. Bei einer Höhenlage von 1500 m, eingebettet in dichte Kiefernwälder, ist die Stadt in den heißen Monaten die Sommerhauptstadt der Philippinen. 1990 wurde Baguio durch ein Erdbeben fast gänzlich zerstört, wurde aber inzwischen wieder in seiner alten Pracht aufgebaut. Um die Stadt und ihre Sehenswürdigkeiten zu erkunden, braucht es bereits einen ganzen Tag. Um in das Igorotland vorzudringen, verläßt man Baguio nordwärts auf dem Halsema Highway, der durch die Grand-Cordillera-Kette führt und sich bis auf 2000 m hinaufwindet. Am Kilometerstein 30 hinter Baguio geht links eine Straße nach *Kabayan (S. 53)* zu Füßen des Mt. Pulog ab, des heiligen Berges der Igorot. Um Kabayan zu erreichen, benötigen Sie etwa vier Stunden. In die Hänge des Berges sind die Grabhöhlen der Igorot geschlagen mit Mumien, die teilweise bereits 500 Jahre alt sind. Sie fahren zurück zum Halsema Highway und dann weiter nach Norden. Nach 100 km erreichen Sie den landschaftlich schönen Mt.-Data-Paß. Nun windet sich der Highway in das Tal des wilden Chico River. Die faszinierende zerklüftete Landschaft mit den an die steilen Hänge gemauerten Terrassenfeldern läßt einem den Atem stocken. Bald gelangt der Highway, 150 km hinter Baguio, *Bontoc (S. 54f.)*. Hier bietet sich eine Übernachtung an (zum Beispiel im einfachen *Mountain Hotel, Tel. 74/602 10 11)*. Die Stadt selbst hat außer einem Museum für Stammeskulturen nicht viel zu bieten. Es lohnt sich jedoch auch ein Besuch frühmorgens auf dem Markt, wo ein Querschnitt der Bergvölker seine Waren anbietet. Wer die Zeit aufbringen kann, sollte von Bontoc aus eine Tagestrekkingtour in die Berge zu den Dörfern der Kalinga Apayao unternehmen. Um die hängenden Friedhöfe der Kalinga zu sehen, müssen Sie etwa vier Kilometer auf dem Highway zurückfahren und dann an der Kreuzung von Dantay nach rechts abbiegen. Eine Stunde später erreichen Sie *Sagada (S. 53f.)*. Diese sehr traditionelle Dorf der Kalinga bietet auch eine alternative Übernachtungsmöglichkeit, bevor Sie nach Bontoc weiterfahren.

Ab Bontoc wendet sich der Highway nach Südosten und erreicht nach 50 km *Banawe (S. 52f.)*, das Kernland der Ifugao. Die Fahrt über den mit Orchideen bewachsenen Mt.-Polis-Paß zählt zu den aufregendsten Erlebnissen auf der Mountain-Route.

Banawe ist der Mittelpunkt des Gebietes der Ifugao-Völker, deren kunstvoll bis in 2000 Meter Höhe an den Berghängen angelegte Reisterrassen zum Unesco-Welterbe zählen. Banawe ist Ausgangsort für zahlreiche Trekks in das Ifugao-Land. Wer sein Fahrzeug in Baguio gemietet hat, muß nun dorthin zurückkehren, wer bereits die fünfstündige Anfahrt nach Baguio ab Manila wagte, kann von Banawe südwärts die landschaftlich atemberaubend schöne Cordillera-Straße nach Manila zurückfahren. Für diese Strecke müssen Sie allerdings einen ganzen Tag einplanen.

Von Auskunft bis Zoll

Hier finden Sie kurzgefaßt die wichtigsten Adressen und Informationen für Ihre Philippinenreise

AUSKUNFT

Department of Tourism
Agrifina Circle, Rizal Park, Manila, Tel. 2/524 23 84, Fax 524 17 03

Philippinisches Fremdenverkehrsamt
Kaiserhofstraße 7, 60313 Frankfurt/Main, Tel. 069/208 93/4, Fax 28 51 27
Zuständig für Deutschland, Schweiz und Österreich.

AUTO

Auf den Philippinen wird rechts gefahren. Mietwagen für Selbstfahrer empfehlen sich nur bei genauer Ortskenntnis. Mieten kann man tage- und wochenweise. Nach Sondertarifen erkundigen. Gültig sind ausländische oder internationale Führerscheine.

Mietwagen mit und ohne Fahrer sind erhältlich bei:
Avis Rent-A-Car, RW, Compound, 45, Libertad St., Mandaluyong City, Tel. 2/718 40 64, Fax 718 40 65;
Carlines, 6751 Ayala Av., Makati, Metro Manila, Tel. 2/810 19 75, 19 76, Fax 810 34 46;
Guani Rent-A-Car, San Jose Extension St., Cebu City, Tel. 32/253 54 65;
Hertz Rent-A-Car, Roxas Bd./Airport Rd., Baclaran, Parañague, Tel. 2/832 53 25

BANKEN/GELDWECHSEL/ KREDITKARTEN

Die Banken sind Mo–Fr 9–15 Uhr geöffnet. Den Verlust von Kreditkarten melden Sie sofort bei:
American Express, Tel. 2/815 93 11;
Diners Club, Tel. 2/810 45 21, Fax 812 12 71;
Visa und Eurocard/Mastercard, Tel. 2/812 58 61, 843 40 64

Zum Geldwechseln empfehlen sich Deutsche Mark, Schweizer Franken oder US-Dollar. Eurocheques werden im allgemeinen nicht entgegengenommen. Lizenzierte Geldwechsler, *Money Changer,* nehmen auch Reiseschecks an. Vor illegalen Geldwechslern auf der Straße wird gewarnt!

DIPLOMATISCHE VERTRETUNG

Deutsche Botschaft
6. Etage Solid Bank Building, 777 Paseo de Roxas, Makati, Metro Manila, Tel. 2/892 49 06, Fax 810 47 03, Mo–Fr 8–11 Uhr

Schweizer Botschaft
18. Etage Solid Bank Building, 777 Paseo de Roxas, Makati, Metro Manila, Tel. 2/892 20 51, Fax 815 03 81, Mo–Fr 9–12 Uhr

Österreichische Botschaft
4. Etage Prince Building, 117 Rada St., Legaspi Village, Makati, Metro Manila, Tel. 2/817 79 11, Fax 817 36 03, Mo–Fr 7.30–15.30 Uhr

DROGEN

Der Besitz, der Konsum und der Handel mit Rauschgiften wird mit langjährigen Gefängnisstrafen oder sogar der Todesstrafe geahndet!

EINREISE

Staatsangehörige von Ländern, mit denen die Philippinen diplomatische Beziehungen pflegen, brauchen für die ersten 21 Tage Aufenthalt kein Visum. Für einen längeren Aufenthalt wird ein Touristenvisum benötigt. Visaverlängerungen bis 59 Tage sind möglich bei der Commission on Immigration and Deportation in Manila. *Magallanes Dr., Intramuros, Tel. 2/40 76 51, Mo bis Fr 8.30–17.30 Uhr*

Botschaften der Philippinen
in Deutschland:
Argelanderstr. 1, 53115 Bonn, Tel. 0228/267 99 28, Fax 22 19 68

in der Schweiz:
Burnmattstr. 24, 3007 Bern, Tel. 031/398 22 66, Fax 382 40 47

in Österreich:
Laurenzer Berg 2, 1010 Wien, Tel. 01/533 24 01, Fax 24 01 24, e-mail:phat@ping.at

FOTOGRAFIEREN

Die Filipinos sind sehr freundlich und posieren gern für ein Foto. In touristischen Gebieten wird manchmal ein Trinkgeld erwartet. Militärische Einrichtungen dürfen nicht fotografiert werden. Wenn man Muslime, vor allem die Frauen, ablichten möchte, vorher um deren Zustimmung bitten.

GESUNDHEIT

Aids: Die Immunschwächekrankheit ist auf den Philippinen sehr stark verbreitet. Gewarnt wird vor Blutkonserven, da keine ausreichende Kontrolle der Spender stattfindet.
Apotheken: Mercury Drug ist die größte Apothekenkette auf den Philippinen. Filialen in Manila und Umgebung: *Pedro Gil St., Ermita, Manila, Tel. 2/523 22 29; The Landmark Building, Ayala Center, Makati, Metro Manila, Tel. 2/891 53 20, 892 58 81.* Spezialmedikamente sollten Sie unbedingt selbst mitbringen!

Ärzte:

Cebu Doctor's Hospital
Osmena Bd., Cebu City, Tel. 32/ 253 75 11

Dr. Hernando Bunuan
Vertrauensarzt für die deutschen, schweizerischen und österreichischen Botschaften. *JAKA, 7th Floor, JAKA Building, 6780 Ayala Ave., Makati City, Tel. 2/810 08 20, 817 26 32*

Dr. Leandro E. Rosero
Zahnarzt. *832 Pasay Rd., Makati, Metro Manila, Tel. 2/844 86 83, 843 10 18*

Manila Doctor's Hospital
667 United Nations Av., Ermita, Metro Manila, Tel. 2/524 30 11

Impfungen sind nicht vorgeschrieben. Wer jedoch aus Infektionsgebieten mit Gelbfieber kommt, muß eine Immunisierung nachweisen. Es empfehlen sich aus Gründen der persönlichen Sicherheit Impfungen oder Immunisierungen gegen Gelbsucht, Cholera und Typhus. Eine Malaria-Prophylaxe ist bei Reisen in die Provinzen angeraten. Bei anhaltenden Durchfällen mit Fieber unbedingt den Arzt aufsuchen. Besondere Vorsicht auch wegen Hepatitis. Es empfiehlt sich eine Gamma-Globulin-Prophylaxe.

KLEIDUNG

Am praktischsten sind leichte, lose sitzende Kleidungsstücke aus Baumwolle. Für die kühleren Höhenlagen ist ein leichter Pullover ratsam. Mit einem landesüblichen *barong tagalog* ist man für alle offiziellen Anlässe gut gekleidet. Beim Besuch in Kirchen oder Moscheen sind Shorts und allzu freizügige Kleidung anstößig.

KLIMA UND REISEZEIT

Die beste Reisezeit ist von Dezember bis März. Während dieser Zeit ist es verhältnismäßig kühl und trocken (21 bis 31 Grad Celsius). Von Mitte März bis Mai ist die heiße Trockenzeit (25 bis 40 Grad Celsius). Von Juni bis November ist Regenzeit. In der Mountain Province ist es im Durchschnitt rund 10 Grad Celsius kühler.

ÖFFENTLICHE VERKEHRSMITTEL

Die meisten internationalen Hotels in Manila bieten bei Bestellung einen Flughafenservice an. Private Taxen sind nicht empfehlenswert. Ab dem Flughafen verkehren Avis-Coupon-Taxen zu den Hotels (300 bis 350 P). Die regulären Taxen – es gibt ein Dutzend Unternehmen – haben Taxameter und sind billig. Hotellimousinen sind zwar teurer, dafür aber ehrlicher und sicherer. Die Jeepneys sind meist überfüllt, aber sehr billig.

Der zuverlässigste Überlandverkehr wird von Busgesellschaften angeboten. Die Nordroute wird von dem Patranco-North Express befahren, ab Terminus Quezon Bd., Manila, sowie von Philippine Rabbit. Von Manila bis in den Süden der Quezon-Provinz verkehrt der *Batangas Laguna Tayabas Bus, BLTB,* ab Terminus E. de los Santos Av., Pasay City, Metro Manila. Der *Patranco-South Express* fährt bis nach Bulan an der Südspitze von Luzon. Klimatisierte Busse in vielen Gegenden von Luzon bieten *Sarkies Tours, Tel. 2/525 78 58,* und *Sunshine Run, Tel. 2/525 35 94.*

Eine Armada von Fähren und Schiffen verkehrt zwischen den Inseln und im Küstenverkehr. Buchungen empfehlen sich über Reisebüros, um wenigstens ein Minimum an Sicherheit zu garantieren. Die meisten Fähren sind hoffnungslos überladen und somit ein riskantes Abenteuer.

Philippine Airlines, PAL, *Tel. 2/816 66 91, 818 67 57*, ist die nationale Fluggesellschaft, im Inselverkehr fliegt jedoch regelmäßig Pacific Airways Corp., *Tel. 2/832 27 31*. Manila hat zwei Flughäfen, den Ninoy Aquino International Airport und den Domestic Airport für Inlandflüge.

POST

Die Postämter sind von 8 bis 17 Uhr geöffnet. Die Hauptpost von Manila, Manila Central Post Office, befindet sich im *Plaza Lawton, Liwasang Bonifacio, Manila.*

REISEBÜROS

Anscor Travel Corp.
3rd Floor, B & M Building, 116 Aguirre St., Legaspi Village, Makati City, Tel. 2/813 65 37

Kenstar Travel Corp.
511 Alonzo St., Malate, Manila, Tel. 2/524 12 11

Thomas Cook Travel Agency
G/F Skyland Plaza Building, Sen. Gil Puyat/Malugay St., Makati City, Tel. 2/816 37 01, Fax 816 30 24

SICHERHEIT

Die Kriminalitätsrate ist in den großen Städten der Philippinen recht hoch, und Touristen sind gelegentlich willkommene Opfer. Darum nachts nie allein durch einsame Straßen gehen, Schmuck und teure Uhren im Safe lassen. Immer nur so viel Geld mitnehmen, wie zu dem entsprechenden Anlaß ausgegeben werden soll. Touristen mit Problemen wenden sich an die Touristenpolizei, *Tourist Assistance Unit, TAU, Department of Tourism, T.M. Kalaw St., Rizal Park, Manila, Tel. 2/524 16 60, 524 17 28, 24 Stunden geöffnet.* Auf Cebu leistet die Task Force Tourista Hilfe. *Mactam International Airport, Tel. 32/340 82 29*

STROMSPANNUNG

Die Stromspannung beträgt 220 Volt Wechselstrom. Für europäische Steckersysteme ist ein Adapter auf das amerikanische System erforderlich. Längere Stromausfälle sind nicht ungewöhnlich.

TRINKGELD

In Restaurants, in denen der Service-Aufschlag nicht in der Rechnung ausgewiesen ist, sind 10 Prozent vom Rechnungsbetrag üblich. Dienstleistungen jeglicher Art honoriert man mit einem kleinen Trinkgeld, das der Leistung angemessen sein sollte.

TELEFON

Die Auskunft für internationale Gespräche ist unter Tel. 108, für Inlandsgespräche unter Tel. 109 zu erreichen. Internationale Hotels haben Fax-Anschlüsse. Achtung: Die Telefon- und Faxnummern ändern sich häufig auf den Philippinen. Die Benutzung von digitalen D1/D2-Mobiltelefonen ist möglich. Im Vergleich zu Europa liegen die Preise für Telefonate etwa gleich hoch. Internationale Ländervorwahl für die Philippinen: 0063 Vorwahl von den Philippinen nach Deutschland 0049, nach Österreich 0043, in die Schweiz 0041.

TRINKWASSER

Das Wasser aus der Leitung ist unabgekocht nicht trinkbar. Auch kleinere Hotels halten daher abgekochtes Wasser für den Gast bereit. Vorsicht ist natürlich auch bei Speiseeis und Eiswürfeln geboten!

ZEIT

Während der europäischen Sommerzeit beträgt der Zeitunterschied zu Mitteleuropa plus 6 Stunden, in der Winterzeit plus 7 Stunden.

ZEITUNGEN

Die philippinische Presse ist sehr frei und frech. Die bedeutendsten englischsprachigen Tageszeitungen sind Philippine Star, Manila Bulletin, Manila Times, Malaya, Philippine Daily Inquirer und The Manila Chronicle. Die großen Hotels führen oft auch internationale Zeitungen und Magazine.

ZOLL

Touristen ist die zollfreie Einfuhr gestattet von: 400 Zigaretten, 100 Zigarren oder 500 Gramm Tabak, zwei Flaschen alkoholischer Getränke sowie alle Gegenstände zum persönlichen Gebrauch. Bei der Wiedereinreise in die EU dürfen unter anderem 200 Zigaretten oder 50 Zigarren, 1 l Spirituosen über 22 % eingeführt werden, ferner Waren bis zu einem Wert von 150 Mark.

WETTER IN MANILA

Die monatlichen Durchschnittswerte im Überblick

	Jan.	Feb.	März	April	Mai	Juni	Juli	Aug.	Sept.	Okt.	Nov.	Dez.
Tagestemperaturen in °C	30	31	33	34	34	33	31	31	31	31	31	30
Nachttemperaturen in °C	21	21	22	23	24	24	24	24	24	23	22	21
Sonnenschein Std./Tag	6	7	7	9	7	5	4	4	4	5	5	5
Niederschlag Tage/Monat	2	1	1	4	7	15	22	20	20	11	9	7
Wassertemperaturen in °C	26	26	27	28	28	29	29	28	28	28	27	27

Bloß nicht!

Durch Höflichkeit können Sie Fettnäpfchen vermeiden und Konflikten entgehen

Allgemeines Verhalten

Trotz der oberflächlichen Verwestlichung sind die Philippinen ein asiatisches Land. Nicht immer kann der Fremde Verhaltensweisen und Tabus verstehen. Nun ist der Filipino mit Fremden nachsichtig und kommt ihnen auf halbem Weg entgegen. Aber er erwartet, daß der Gast sich wenigstens bemüht, die Landessitten etwas zu verstehen.

Autorität

Autorität kann sich Ihnen überraschend in den Weg stellen, ohne daß ein plausibler Anlaß vorläge. Kooperieren Sie! Autorität, die sich nicht ernst genommen fühlt, kann recht nachtragend sein.

Gesicht wahren

Dem Filipino ist die Fassade wichtig. Der Schein macht die Person, und nicht das innere Selbst. Er wird niemals offen über seine Fehler reden, und es ziemt sich nicht für einen Gast, sie bloßzulegen. Der Filipino wird nicht über sein Privatleben reden. Fragen in dieser Richtung empfindet er als unhöflich. Erzählt der Filipino Ihnen eine Geschichte, in der er überlebensgroß erscheint, reagieren Sie mit Bewunderung. Sie schaffen sich einen Freund. Und erheben Sie niemals die Stimme, wenn Sie verärgert sind – Sie verlieren sonst Ihr Gesicht.

Höflichkeit ist erstes Gebot

Oft werden Zusagen aus dem Augenblick heraus gemacht, obwohl gar nicht beabsichtigt ist, sie einzulösen. Höflichkeit geht gelegentlich über Aufrichtigkeit. Ein Ja muß nicht unbedingt Zustimmung bedeuten. Es kann einfach heißen: »Ich hab Dich verstanden« oder »vielleicht« oder »wenn Du meinst«. So geht der Filipino einem Konflikt aus dem Weg. Auch sie sollten Konflikte um jeden Preis vermeiden. Es fühlt sich auf den Philippinen nicht nur die unmittelbar betroffene Person beleidigt, sondern oft gleich der ganze Klan. Das uns Westlern so wichtige »offene Wort« ist der philippinischen Kultur fremd.

Frauen

Es ist leider wahr: Sehr viele Filipinas ernähren ihre Familien durch Prostitution. Machen Sie jedoch niemals den Fehler, in jeder Filipina ein leichtes Mädchen zu sehen. Die philippinischen Frauen sind eher scheu, zurückhaltend und sehr sittsam, auch wenn sie sich verwestlicht geben. Bei der Begrüßung eines Fremden reicht übrigens die Frau dem Mann zuerst die Hand.

Sprechen und Verstehen ganz einfach

Zur Erleichterung der Aussprache sind alle englischen Wörter mit einer einfachen Aussprache (in eckigen Klammern) versehen. Folgende Zeichen sind Sonderzeichen:

ə	nur angedeutetes »e« wie in bitte
θ	[s] gesprochen mit der Zungenspitze zwischen den Zähnen

AUF EINEN BLICK

Ja./Nein.	Yes. [jäs]/No. [nəu]
Vielleicht.	Perhaps. [pə'häps]/Maybe. ['mäibih]
Bitte.	Please. [plihs]
Danke.	Thank you. ['θänkju]
Vielen Dank!	Thank you very much. ['θänkju 'wäri 'matsch]
Gern geschehen.	You're welcome. [joh 'wälkəm]
Entschuldigung!	I'm sorry! [aim 'sori]
Wie bitte?	Pardon? ['pahdn]
Ich verstehe Sie/dich nicht.	I don't understand. [ai dəunt andə'ständ]
Ich spreche nur wenig ...	I only speak a bit of ... [ai 'əunli spihk ə'bit əw ...]
Können Sie mir bitte helfen?	Can you help me, please? ['kən ju 'hälp mi plihs]
Ich möchte ...	I'd like ... [aid'laik]
Das gefällt mir (nicht).	I (don't) like it. [ai (dəunt) laik‿it]
Haben Sie ...?	Have you got ...? ['həw ju got]
Wieviel kostet es?	How much is it? ['hau'matsch is it]
Wieviel Uhr ist es?	What time is it? [wot 'taim is it]

KENNENLERNEN

Guten Morgen!	Good morning! [gud 'mohning]
Guten Tag!	Good afternoon! [gud ahftə'nuhn]
Guten Abend!	Good evening! [gud 'ihwning]
Hallo! Grüß dich!	Hello! [hə'ləu]/Hi! [hai]
Mein Name ist ...	My name is ... [mai näims ...]
Wie ist Ihr/Dein Name?	What's your name? [wots joh 'näim]
Wie geht es Ihnen/dir?	How are you? [hau 'ah ju]
Danke. Und Ihnen/dir?	Fine thanks. And you? ['fain θänks, ənd 'ju]
Auf Wiedersehen!	Goodbye!/Bye-bye! [gud'bai/bai'bai]
Tschüs!	See you!/Bye! [sih ju/bai]
Bis bald!	See you soon! [sih ju 'suhn]
Bis morgen!	See you tomorrow! [sih ju tə'mərəu]

UNTERWEGS

Auskunft

links/rechts	left [läft]/right [rait]
geradeaus	straight ahead [sträit 'əhäd]
nah/weit	near [niər]/far [faər]
Bitte, wo ist …?	Excuse me, where's …, please? [iks'kjuhs 'mih 'weərs … plihs]
der Bahnhof	the train station [θə 'träənbass 'stäischn]
der Busbahnhof	the bus station [θə bass 'stäischn]
der Flughafen	the airport [θə 'erpoht]
Wie weit ist das?	How far is it? ['hau 'far‿is‿it]
Ich möchte … mieten.	I'd like to rent … [aid'laik tə 'ränt]
… ein Auto	… a car [ə 'kaər]
… ein Motorboot	… a motorboat [ə 'motərbot]

Panne

Ich habe eine Panne.	My car's broken down. [mai 'kaərs 'brokn 'daun]
Würden Sie mir bitte einen Abschleppwagen schicken?	Would you send a tow truck, please? ['wud ju sänd ə to trak plihs]
Gibt es hier in der Nähe eine Werkstatt?	Is there a service station nearby? ['is θeə‿ə 'söəwis stäischn 'nirbai]

Tankstelle

Wo ist die nächste Tankstelle?	Where's the nearest gas station? ['weəs θə 'niərist 'gäs stäischn]
Ich möchte … Liter/ Gallonen [3,7l] …	… liters/gallons of … ['lihtərs/gäləns əw]
… Normalbenzin.	… regular [regjulər]
… Super.	… super, [sjuper]
… Diesel.	… diesel, ['dihsl]
… bleifrei/verbleit.	… unleaded/leaded, please. [an'lädid/'lädid plihs]
Volltanken, bitte.	Full, please. ['full plihs]

Unfall

Hilfe!	Help! [hälp]
Achtung!	Attention! [ə 'tänschn]
Vorsicht!	Look out! ['luk 'aut]
Rufen Sie bitte …	Please call … ['plihs 'kahll]
… einen Krankenwagen.	… an ambulance. [ən 'ämbjuləns]
… die Polizei.	… the police. [θə pə'lihs]
Es war meine Schuld.	It was my fault. [it wəs 'mai 'fahllt]
Es war Ihre Schuld.	It was your fault. [it wəs 'johər 'fahllt]
Geben Sie mir bitte Ihren Namen und Ihre Anschrift.	Please give me your name and address. [plihs giw mi joər 'näim ənd ə'dräs]

ESSEN/UNTERHALTUNG

Wo gibt es hier …	Is there … here? ['is θeər … 'hiə]
… ein gutes Restaurant?	… a good restaurant [ə 'gud 'rästərohng]
… ein typisches Restaurant?	… a restaurant with local specialities [ə 'rästərohng wiθ 'ləukl ‚späschi'älitis]
Gibt es hier eine gemütliche Kneipe?	Is there a nice pub here? ['is θeər‿ə nais 'pab hiə]
Reservieren Sie uns bitte für heute abend einen Tisch für 3 Personen.	Would you reserve us a table for three for this evening, please? ['wud ju ri'söhw əs ə 'täibl fə 'θrih fə θis 'ihwning plihs]
Auf Ihr Wohl!	Cheers! [tschiəs]
Bezahlen, bitte.	Could I have the bill, please? ['kud ai häw θə 'bil plihs]
Haben Sie einen Veranstaltungskalender?	Have you got a diary of events? [həw ju got‿ə 'daiəri‿əw i'wänts]

EINKAUFEN

Wo finde ich …?	Where can I find …? ['weə 'kən‿ai 'faind …]
Apotheke	drugstore [dragstoh]
Bäckerei	bakery [bäikeri]
Fotoartikel	photographic material [‚fəutə'gräfik mə'tiəriəl]
Kaufhaus	department store [di'pahtmənt stoh]
Lebensmittelgeschäft	food store ['fuhd stoh]
Markt	market ['mahkit]

ÜBERNACHTUNG

Können Sie mir bitte … empfehlen?	Can you recommend …, please? [kən ju ‚räkə'mänd … plihs]
… ein Hotel	… a hotel [ə həu'täl]
… eine Pension	… a guest-house [ə 'gästhaus]
Ich habe bei Ihnen ein Zimmer reserviert.	I've reserved a room. [aiw ri'söhwd‿ə 'ruhm]
Haben Sie noch …	Have you got … [həw ju got]
… ein Einzelzimmer	… a single room [ə 'singl ruhm]
… ein Doppelzimmer	… a double room [ə 'dabl ruhm]
… mit Dusche/Bad?	… with a shower/bath? [wiθ ə 'schauə/'bahθ]
… für eine Nacht?	… for one night? [fə wan 'nait]
… für eine Woche?	… for a week? [fə ə 'wihk]
Was kostet das Zimmer mit …	How much is the room with … ['hau 'matsch is θə ruhm wiθ]
… Frühstück?	… breakfast? ['bräkfəst]
… Halbpension?	… half board? ['hahf'bohd]
… Vollpension?	… full board? ['ful'bohd]

Arzt

Können Sie mir einen guten Arzt empfehlen?	Can you recommend a good doctor? [kən ju ‚räkə'mänd ə gud 'doktə]
Ich habe hier Schmerzen.	I've got pain here. [aiw got päin 'hiθ]

Bank

Wo ist hier bitte …	Where's the nearest … [weəs θə 'niərist]
… eine Bank?	… bank? [bänk]
… eine Wechselstube?	… Forex-Center? [forexcentə]
Ich möchte … DM (Schilling, Schweizer Franken) wechseln.	I'd like to change … Marks (Austrian shillings, Swiss francs). [aid laik tə tschäinsch … 'mahks ('ostriən 'schillings/ 'swis 'fränks)]

Post

Was kostet …	How much is … ['hau 'matsch is]
… ein Brief …	… a letter … [ə 'lätə]
… eine Postkarte …	… a postcard … [ə pəustkahd]
… nach Deutschland?	… to Germany? [tə 'dschöhməni]

Zahlen

0	zero [siərəu]	19	nineteen [‚nain'tihn]
1	one [wan]	20	twenty ['twänti]
2	two [tuh]	21	twenty-one [‚twänti'wan]
3	three [θrih]	30	thirty ['θöhti]
4	four [foh]	40	forty ['fohti]
5	five [faiw]	50	fifty ['fifti]
6	six [siks]	60	sixty ['siksti]
7	seven ['säwn]	70	seventy ['säwnti]
8	eight [äit]	80	eighty ['äiti]
9	nine [nain]	90	ninety ['nainti]
10	ten [tän]	100	a (one) hundred ['ə (wan) 'handrəd]
11	eleven [i'läwn]		
12	twelve [twälw]	1000	a (one) thousand ['ə (wan) 'θausənd]
13	thirteen [θöh'tihn]		
14	fourteen [‚foh'tihn]	10000	ten thousand ['tän 'θausənd]
15	fifteen [‚fif'tihn]		
16	sixteen [‚siks'tihn]	1/2	a half [ə 'hahf]
17	seventeen [‚säwn'tihn]	1/4	a (one) quarter ['ə (wan) 'kwohtə]
18	eighteen [‚äi'tihn]		

Menu
Speisekarte

BREAKFAST	FRÜHSTÜCK
coffee (with cream/milk) ['kofi (wiθ 'krihm/'milk)]	Kaffee (mit Sahne/Milch)
decaffeinated coffee [di'käfin,äitid 'kofi]	koffeinfreier Kaffee
hot chocolate ['hot 'tschoklit]	heiße Schokolade
tea (with milk/lemon) [tih (wiθ 'milk/'lämen)]	Tee (mit Milch/Zitrone)
scrambled eggs ['skrämbld 'ägs]	Rühreier
poached eggs ['pəutscht 'ägs]	verlorene Eier
bacon and eggs ['bäikn ən 'ägs]	Eier mit Speck
fried eggs ['fraid 'ägs]	Spiegeleier
hard-boiled/soft-boiled eggs ['hahdboild/'softboild ägs]	harte/weiche Eier
(cheese/mushroom) omelette [(tschihs/'maschrum/tə'mahtəu)'omlit]	(Käse-/Champignon-)Omelett
bread/rolls/toast [bräd/rəuls/təust]	Brot/Brötchen/Toast
butter ['batə]	Butter
honey ['hani]	Honig
jam/marmelade [dschäm/'mahməläid]	Marmelade/Orangenmarmelade
muffin ['məfin]	Küchlein
yoghurt ['jogət]	Joghurt
fruit ['fruht]	Obst

HORS D'ŒUVRES/SOUPS	VORSPEISEN/SUPPEN
ham [häm]	Schinken
onion rings ['ənjən rings]	fritierte Zwiebelringe
shrimp/prawn cocktail ['schrimp/'prohn 'koktäil]	Garnelen-/Krabbencocktail
smoked salmon ['sməukt 'sämən]	Räucherlachs
seafood salat [sifuhd säləd]	Meeresfrüchtesalat
clear soup/consommé [kliə suhp/kən'somäi]	Fleischbrühe
cream of chicken soup [krihm əw 'tschikin suhp]	Hühnercremesuppe
oxtail soup ['okstäil suhp]	Ochsenschwanzsuppe
cream of tomato soup [krihm‿əw tə'mahtəu suhp]	Tomatencremesuppe
vegetable soup ['wädschtəbl suhp]	Gemüsesuppe

FISH/SEAFOOD	FISCH/MEERESFRÜCHTE
cod [kod]	Kabeljau
crab [kräb]	Krebs
eel [ihl]	Aal
haddock ['hädək]	Schellfisch
herring ['häring]	Hering
lobster ['lobstə]	Hummer
mussels ['masls]	Muscheln
oysters ['oistəs]	Austern
perch [pöhtsch]	Barsch
plaice [pläis]	Scholle
salmon ['sämən]	Lachs
sole [səul]	Seezunge
squid [skwid]	Tintenfisch
trout [traut]	Forelle
tuna ['tjuhnə]	Thunfisch

MEAT AND POULTRY	FLEISCH UND GEFLÜGEL
barbequed spare ribs ['bahbəkjuhd 'speə ribs]	gegrillte Schweinerippchen
beef [bihf]	Rindfleisch
chicken ['tschikin]	Hähnchen
chop/cutlet [tschop/'katlit]	Kotelett
fillet (steak) ['filit (stäik)]	Filet(steak)
duck(ling) ['dak(ling)]	(junge) Ente
gammon ['gämən]	Schinkensteak
gravy ['gräivi]	Fleischsoße
ham [häm]	Schinken
hamburger ['hämböhgə]	Hamburger
kidneys ['kidnis]	Nieren
lamb (with mint sauce) [läm (wiθ 'mint 'sohs)]	Lamm (mit einer sauren Minzsoße)
liver (and onions) ['liwə(r ən 'anjəns)]	Leber (mit Zwiebeln)
minced beef ['minst 'bihf]	Hackfleisch vom Rind
mutton ['matn]	Hammelfleisch
pork [pohk]	Schweinefleisch
rabbit ['räbit]	Kaninchen
rissoles ['risəuls]	Frikadellen
rump steak ['ramp stäik]	Rumpsteak
sausages ['sosidschis]	Würstchen
sirloin steak ['söhloin stäik]	Lendenstück vom Rind
T-bone steak ['tihbəun stäik]	Rindersteak mit T-förmigem Knochen
turkey ['töhki]	Truthahn
veal [wihl]	Kalbfleisch
venison ['wänisn]	Reh oder Hirsch

VEGETABLES AND SALAD	GEMÜSE UND SALAT
baked beans ['bäikt 'bihns]	gebackene weiße Bohnen in Tomatensoße
baked potatoes [bäikt pə'täitəus]	gebackene Pellkartoffeln
beetroot ['bihtruht]	Rote Bete
cabbage ['käbidsch]	Kohl
carrots ['kärəts]	Karotten
cauliflower ['koliflauə]	Blumenkohl
chef's salad ['schefs 'säləd]	Salat mit Schinkenstreifen, Tomaten, Käsestreifen, Oliven
chips/French fries [tschips/'fränsch 'frais]	Pommes frites
corn-on-the-cob ['kohn‿on θə 'kob]	Maiskolben
cucumber ['kjuhkamba]	Gurke
fritters/ hash browns ['fritəs/'häsch bräuns]	Bratkartoffeln
leek ['lihk]	Lauch
lentils ['läntils]	Linsen
lettuce ['letis]	Kopfsalat
mashed potatoes [mäscht pə'täitəus]	Kartoffelbrei
mushrooms ['maschrums]	Pilze
onions ['anjəns]	Zwiebeln
peas ['pihs]	Erbsen
peppers ['päpəs]	Paprika
pumpkin ['pampkin]	Kürbis
spinach ['spinidsch]	Spinat
sweetcorn ['swihtkohn]	Mais
tomatoes [tə'mahtəus]	Tomaten
turnips ['təhnips]	Rüben

DESSERT AND CHEESE	NACHSPEISEN UND KÄSE
apple pie ['äpl 'pai]	gedeckter Apfelkuchen
brownie ['bräuni]	Schokoladenplätzchen
Cheddar ['tschädə]	kräftiger Käse
Cottage cheese ['kotidsch 'tschihs]	Hüttenkäse
cream [krihm]	Sahne
custard ['kastəd]	Vanillesoße
fruit cake ['fruht käik]	Kuchen mit viel Korinthen, Rosinen usw.
fruit salad [fruht 'säləd]	Obstsalat
goat's cheese ['gəuts ,tschihs]	Ziegenkäse
ice-cream ['ais'krihm]	Eiscreme
pancakes ['pänkäiks]	Pfannkuchen
pastries ['päistris]	Gebäck
rice pudding ['rais 'puding]	Reisbrei
stewed fruit ['stjuhd 'fruht]	Kompott

FRUIT	OBST
apples ['äpls]	Äpfel
apricots ['äiprikots]	Aprikosen
blackberries ['bläkbris]	Brombeeren
cherries ['tschäris]	Kirschen
dates [däits]	Datteln
figs [figs]	Feigen
gooseberries ['gusbəris]	Stachelbeeren
grapes [gräips]	Weintrauben
lemon ['lämən]	Zitrone
melon ['mälən]	Melone
oranges ['orindschis]	Orangen
peaches ['pihtschis]	Pfirsiche
pears [peəs]	Birnen
pineapple ['pain,äpl]	Ananas
plums [plams]	Pflaumen
rhubarb ['ruhbahb]	Rhabarber
strawberries ['strohbris]	Erdbeeren

Beverages
Getränkekarte

ALCOHOLIC DRINKS	ALKOHOLISCHE GETRÄNKE
beer [biə]	Bier
brandy ['brändi]	Schnaps
champagne [schäm'pain]	Champagner
cider ['saidə]	Apfelwein
cognac ['konjäk]	Kognac
red/white wine [räd/wait wain]	Rot-/Weißwein
dry/sweet [drai/swiht]	trocken/lieblich
sparkling wine ['spahkling wain]	Sekt
table wine ['täibl wain]	Tafelwein

SOFT DRINKS	ALKOHOLFREIE GETRÄNKE
alcohol-free beer ['älkəhol,frih 'biə]	alkoholfreies Bier
fruit juice ['fruht dschuhs]	Fruchtsaft
lemonade [,lämə'näid]	Limonade
milk ['milk]	Milch
mineral water ['minrl ,wohtə]	Mineralwasser
root beer ['rut ,biə]	süße, dunkle Limonade
soda water ['səudə ,wohtə]	Selterswasser
tomato juice [tə'mahtəu dschuhs]	Tomatensaft

Reiseatlas Philippinen

Die Seiteneinteilung für den Reiseatlas finden Sie auf dem hinteren Umschlag dieses Reiseführers

A
B
1
2
3
4
5
6
SOUTH
CHINA
SEA
Mayraira Pt.
Bangui Bay
Negra Pt.
Bolalo
Bangui
Claveria
Cadcadir
Pansian
Pamplo
Davila
Burgos
Sukit
Bago
Tadao
Mt. Magnas
Pasuquin
Kurusiquis
Tanglagan
Bacarra
Vintar
Mt. Agnamala
1786
Calanasan
LAOAG
Piddig
Mt. Lamba
Nagnuan
Paoay
Dingras
Solsona
Kasa
2234
Batac
Espiritu
Mt. Sicapoo
463
Badoc
Pinili
Nueva Era
Salomague
Cabugao
Alava
1176
Magsingal
La Paz
S. Juan
Sta. Catalina
Lagangilang
Vigan
Tineg
Bangued
Cab
Balbalasang
Barbarit
Narvacan
Pilar
Mt. Sapocoy
Balbalan
Sta. Maria
2456
Bolbolo
Lubuagan
Lidlidda
Filomena
San Emilio
Tubo
Candon
Tinglayan
Salcedo
Quirino
Bontoc
Sagada
Sta. Cruz
Sigay
Bauko
Ambayaon
Tambugo
Suyo
Cervantes
Sabangan
Banawe
Tagudin
Bangar
2310
Mt. Data
Rice Terraces
Luna
Mankayan
Balaoan
2842
Lioana
Banaue
Dugadog
Abatan
Mt. Tabayog
Bacnotan
San Gabriel
Kibungan
Buguias
Bagulin
Kapangan
Kabayan
Lamut
SAN FERNANDO
Naguilian
Atok
Ambaguio
574
La Trinidad
Ambuklao L.
2934
Bauang
Burgos
Bangao
Mt. Pulog
Bayombong
Mt. Pulog Nat. Park
Bolinao
Santiago I.
Aringay
Tubao
BAGUIO
Bambang
Lingayen Gulf
Catubig
Anda
Agoo
Pugo
Binga L.
Aritao
Bani
Cabarruyan I.
Damortis
Rosario
Kayapo
Dupax del Norte
Hundred Islands N.P.
Alaminos
Sison
Agno
Sta. Fe
Agno
San Fabian
Pozurrubio
Burgos
Mabini
Mangaldan
Manaoag
San Manuel
Anabat
Baruan
Labrador
DAGUPAN
Carranglan
Dasol
Lingayen
Urdaneta
Digdig
Eguia
Malisiqui
Lupao
Dasol Bay
SAN CARLOS
Umingan
San Jose
Pantabangan
Hermana Mayor I.
Bautista
Sto. Tomas
Sta. Cruz
Moncada
Bayabas
Rizal
Uacon
Camiling
Paniqui
Muñoz
Candelaria
Nagsiaran
Guimba
Bongabon
Zambales Mts.
Mayantoc
Sta. Ignacia
Puro
Gerona
Talavera
Palayan
Masinloc
High Peak
2037
Burgos
Licab
TARLAC
La Paz
CABANATUAN
Palauig
341
227
Balocbloc
Agno
S. Lucia
Sta. Rosa
Iba
Capas
Concepcion
Gen. Tinio
Botolan
Tiaong
Death March Memorial
Gapan
Porac
Yangil
S. Roque
Kalayakan
Mabalacat
Dau
Arayat
Sibul Spring
Cabangan
1780
ANGELES
S. Miguel
Mt. Pinatubo
Porac
S. Ildefonso
San Felipe
Floridablanca
205
SAN FERNANDO
Himasay
San Narciso
Apalit
S. Rafael
S. Marcellino
Baliuag
San Antonio
Dinalupihan
S. Cristo
Plaridel
Angat
Subic
Lubao
MALOLOS
Bocaue
OLONGAPO
Culo
S. JOSE DEL MONTE
Orani
Abucay
QUEZON CITY
CALOOCAN
MARIKINA
Balanga
MANILA
Cainta
Manila

108
106

D
E
F
1
2
3
4
5
6
20 km
Mira
Palaui I.
Escarpada Pt.
S. Vincente
Abulug
Santa Ana
Aparri
Linao
Buguey
Bawa
Iligan Pt.
Dugo
Gonzaga
Mt. Cagua
1133
Lal-lo
Santa Teresita
Alla-capan
Lasam
Cumano
Capissayan
Tulung
Gattaran
Cagayan
Alcala
Baggao
San Jose
Valley Pt.
Santa Niño
Amulung
Iguig
Solana
Mt. Cetaceo
1833
Baguio Pt.
Peñablanca
Pinukpuk
Tuguegarao
Enrile
Rizal
Santa Maria
San Pablo
1850
Divilican Bay
Maconacon
Dallag
Fuyo National Park
Quezon
Magsaysay
Tumauini
Divilican
Mallig
Palanan Bay
Pilar
Ilagan
Sancad
Roxas
Gamu
San Mariano
Palanan
San Manuel
Aurora
Nagui-lian
Calicocohan
Cabatuan
Benito Soliven
Cauayan
San Mateo
Diviusa Pt.
Alicia
Angadanan
Santiago
S. Guillermo
Cordon
Echague
Sierra Madre
Dinapigui
Jones
Cabarroguis
San Agustin
Aglipay
1616
Tarigtig Pt.
Dalisag
Dijohan Pt.
Maddela
Diduyon
Casiguran
Tinib
1850
Dinalongan
Dinipar
Sinadipan
Anawang
Casiguran Sound
Cape S. Ildefonso
Park
Baler Bay
Dipacuiao
Baler
San Luis
Cape Encanto
1247
Salaysay Pt.
PHILIPPINE SEA
5638
Dicapanisari Pt.
LUZON
Dingalan
Agria Pt.
Dingalan Bay
Pinotpandian
Pollilo I.
Magdalo
Maligayo
Balangay
Polillo Is.
Panukulan
Burdeos
Palasan I.
Salipsip
General Nakar
Patnanungan I.
Infanta
Polillo
Banangay
Polillo Strait
Real
Dala-hican
Sabang
Tignuan
468

109

106
113
108
A
B
C
1
2
3
4
5
6
MANILA
QUEZON CITY
CALOOCAN
PASAY
PARAÑAQUE
CAVITE
BACOOR
PASIG
MARIKINA
L. PIÑAS
MUTINLUPA
SAN FERNANDO
MALOLOS
S. Miguel
S. Ildefonso
Apalit
Baliuag
Plaridel
Angat
Bocaue
S. JOSE DEL MONTE
S. Mateo
Antipolo
Cainta
Morong
Tanay
Pililla
Cardona
Sampaloc
Tignuan
Mt. Pinatubo
Floridablanca
Porac
Lubao
S.Cristo
Himasay
S. Rafael
S. Marcelino
Dinalupihan
Subic
OLONGAPO
Culo
Orani
Abucay
Subic Bay
Bataan Pen.
Morong
Balanga
Malawin
Bagac
Limay
Mariveles
Corregidor I.
Manila Bay
South Channel
Angat Reservoir
Maligayo
General Nakar
Infanta
Real
Dala-hican
Polillo I.
Magdalo
Balangay
Panukulan
Burdeos
Salipsip
Polillo
Banang
Sabang
Palasan
Polillo Strait
Lamon Bay
Bales
Cabalete I.
Alabat I.
Alabat
Perez
Mauban
Tanza
Naic
Sarao
Dasmariñas
S.Pedro
Sta.Rosa
Laguna de Bay
Mabitac
Paete
Kalayaan
Jala-jala
Pagsanjan
Sta. Cruz
Pila
Los Baños
Nagcarlan
Luisiana
Calauan
Liliw
Majayjay
Mainit
Sampaloc
S.Jose
Saba
Maragondon
Patungan
Magallanes
Carmona
Silang
Cabuayao
CALAMBA
Tagaytay
Talisay
S. PABLO
Nasugbu
Tumalin
Tuy
Lake Taal
Balete
Alaminos
Mt. Banahaw
Tayabas
Quezon Nat. Park
Anti-monan
Guma
Padre Burgos
LUCENA
Sariaya
Tiaong
Lipa
Balayan
Agoncillo
Talisay
Lemery
Calatagan
Punta
Taal
Balete
Bauan
Rosario
S.Juan
Ibaan
Bignay
Canda
Unisan
Pitogo
Macalelon
Gen. Luna
Tayabas Bay
Mompog
Light
Balayan Bay
Mabini
BATANGAS
S. Nino
Nabato
Lalya
Lobo
Balibago
Tingloy
Maricaban I.
Matoco
Lubang
Latag
Tilik
Lubang I.
Looc
Ambil I.
Bulacan
Golo I.
Calavite Passage
Verde I.
Verde Island Passage
Kalumpit
Puerto Galera
Wawa
Itbu Pt.
Paluan
Abra de llog
S. Teodoro
Calapan
Naujan
Baco
Ignonoc
Maalisis
Masiud
Tubili Pt.
Mamburao
Mt. Halcon
Pinagsabangan
Macapili
Victoria
Naujan Lake
Tigbao
Pola
Dumali Pt.
Bugol
Socorro
Pinamalayan
Gloria
Bansud
Bangabong
Massaguisi
Poreman
Roxas
Wasig
Mansalay
Wawan
High Rolling Mountains
Poyompon
Santa Cruz
MINDORO
Balatican
Barahan
Sablayan
Tuburan
Mt. Baco
Pianag
Dongo Pt.
Apo Reef
Apo East Pass.
Calintaan
Bugsanga
Central
Bubug
Magsaysay
S. Jose
Caguray
Bulalakao
Mauhao
Pandan Pt.
Ilin
Alibug
Buruncan Pt.
Ilin I.
Ambulong I.
Mindoro Strait
S. Andres Pt.
Argao
Mogpog
Boac
Sta. Cruz
Tagnu
Cawit
Tumagabok
Gasan
Tori
Buenavista
Malibag
Yook
Suban Pt.
Maestro de Campo I.
Bar
Ban
Sima
Dayongd
Calatrava
S. Augustin
Camogtong
Calabasag
Canbaya
Odiongan
Concepc
Tablas I.
Buenavista
Tugd
Looc
Alcan
Agohoo
Sta. Fe
Tablas Strait
Carabao I.
Semirara I.
Alegria
Semirara Is.
Caluya I.
Sibay I.
Boracay I.
Potol Pt.
Malay
Buruanga
Libertad
Pucio Pt.
Tulingan Caves
Pandan Bay
Pandan
Sebaste
Culasi
Tibiao
Barbaza
Tara I.
Minail
Busuanga I.
Maricaban
Borac
Alonon Pt.
Coron
Coron Bay
Culion
Coron I.
Bulalacao I.
Strait
Nagolao I.
Cabulauan I.
West Passage
Quiniluban I.
Manamoc I.
Dit I.
'English Game' Subterranean Nat. Park
Aparri San Fernando
Iloilo City Mandaue
Zamboanga City

D
E
F
1
2
3
4
5
6
20 km
P H I L I P P I N E
S E A
Is.
tnanungan I.
Jomalig I.
Calagua Is.
Tinaga I.
Guintinua I.
apalonga
Cayaan
Jose Panganiban
Bonoto
Paracale
Parang
Vinzos
Sta. Elena
Daguit
Labo
Daet
Cadig Mountains
San Vincente
Mt. Labo
1544
Basud
S. Lorenzo
Manato
Calauag
Del Gallego
Guinayangan
Ragay
Binahian
Hinipaan
San Miguel Bay
Siruma
Tinambac
Cabusao
Sipocot
Libmanan
Buenavista de Bolo
Ragay Gulf
San Narciso
Bondoc Pen.
Baao
Pamplona
Calabanga
NAGA
Pili
Mt. Isarog
1966
Tigaon
Pasacao
Minalabac
Bula
396
Tubigan
Iriga
Buhi
Baao
Bato
Libon
Polangui
Balatan
Ligao
Guinobatan
Camalig
Daraga
Mayon Vul.
2421
Palo
Pantao
Nagas
Jovellar
LEGASPI
Manito
Albay Gulf
Bacon
Prieto Diaz
Sorsogon
Gubat
Beach
Tagdon
Bulusan
Bulusan Vulcano
1565
Sta. Magdalena
Matnog
Irosin
Bulan
Juban
Castilla
Abujog
Capay
Banuang Gurang
Pilar
Donsol
Magallanes
Pio Duran
Inamog
San Pascual
Dancalan
S.Gomez
Burias Pass
Burias I.
Claveria
439
Boca Engano
Tagatandaku
Babay
Kayab
San Andres
Yumi
San Francisco
Mangero
Arena Pt.
Bontoc Pt.
Mulanay
Quinabucasan Pt.
Maslog
Quinalasag I.
Tamban
Pulpog
Caramoan Pen.
Garchitorena
Tabgon
Caramoan
Guijalo
Goa
Sabang
Presentacion
Lagonoy Gulf
Mayon
Tiwi
Malinao
Tabaco
Cagraray I.
Bacacay
Batan I.
S. Domingo
Rapu-Rapu
Rapu-Rapu I.
CATANDUANES
Yog Pt.
Pandan
Minaili
Caramoran
487
Bagamar
Lahuy I.
Maqueda Chan.
Hobong
Viga
Hitoma
Manamrag
808
San Andres
Bato
Virac
Magnesia
Virac Pt.
Nagumbu
Sibuyan
Romblon I.
Romblon
Sablayan
Silum
Danao
2057
Agtiwa
España
Cajidiocan
Sibuyan I.
Canjalon
San Fernando
Canit Pt.
Strait
Ticao I.
Monreal
380
Pandan
Bugui Pt.
Tigboa
Mataba
Aroroy
Talisay
S.Jacinto
S. Fernando
Biton
Ticao Pass
S. Isidro
Baleno
Amutag
705
Masbate
Masbate Pass
Batuan
Gibraltar
Bat-ongan Caves
Mobo
Mandaon
Tagbo
Milagros
593
Uson
Palanas
Mongahay
Cataingan
MASBATE
Bangad
Malibas
Balud
Asid Gulf
Malbug
Jangan
Guiom
Cawajan
Naro I.
Daraga
Placer
Tipolo
Pulanduta Pt.
Pulanduta
Jintotolo I.
Domorog
Sea
San Bernardino Str.
Allen
Lavez
Capul I.
Capul
Victo
Dalupiri I.
Viriato
Destacado I.
Malaga
Calbayog
Samar Sea
Tagapula I.
Almagro I.
Almagro
Jintotolo Channel
Esperanza
Kawayan
Biliran I.
Tangalan
Kalibo
126
Cauayan
Batan
Banga
Roxas
Pilar Bay
Bulacaue Pt.
Carles
Calagnaan I.
Ivisan
Panay
Balete
Ponrevedra
Balasan
Libacao
Mambusao
Panitan
Pilar
Pres. Roxas
860
Sicogon I.
VISAYAS
Visayan Sea
Jubay
Calubian
San Isidro
Tabango
Dao
Bagacay
Guintarcan I.
Dumalag
Carataya
Dumarao
Sara
San Dionisio
Madridejos
Daanbantayan
Talisay
Panay
Tapaz
Lemery
Conce
Bantaya I.
Villaba
115
Passi
S. Rafael
Ajuy
Bantayan
Santa Fe
Calinog
Tagub
Malaguig
San Remigio
Bogo
Range

110

Simara I.
A
109
Sibuyan
B
Boca
Engano
Tagatandaku
Magallanes
Sorsogon
C
Inamog
Manila
Padre Burgos
Dayongdong
Calatrava
S. Augustin
Romblon I.
Romblon
Sablayan
Silum
Danao
Bugui Pt.
Tigboa
Ticao I.
Monreal
Pandan
380
Bitc
S.Jacinto
S. Fernan
Aroroy
Talisay
Mataba
1
amogtong
Calabasag
Canbaya
658
Odiongan
Concepcion
Tugdan
blas I.
Buenavista
Looc
Alcantara
Agohoo
Sta. Fe
Romblon Strait
Agtiwa
España
2057
Cajidiocan
Sibuyan I.
San Fernando
Canjalon
Canit Pt.
S. Isidro
Baleno
Amutag
Bat-ongan Caves
705
Masbate
Masbate Pass.
Ticao Pass.
Batuan
Gibralt
Mobo
Mandaon
Tagbo
Uson
Milagros
593
MASBATE
Bangad
63
Mor
Malibas
Balud
Asid
Malbug
Guiom
Sea
Carabao I.
Boracay I.
Potol Pt.
Jangan
Gulf
Cawajan
Malay
906
Lawa-an
Nabas
Pulanduta Pt.
Pulanduta
Jintotolo I.
Naro I.
Daraga
Placer
Dom
2
ruanga
Libertad
Tulingan Caves
Tangalan
Pandan Bay
Pandan
126
Kalibo
Cauayan
Jintotolo Channel
Es
Sebaste
Banga
Batan
Roxas
Pilar Bay
Bulacaue Pt.
Madalag
Balete
Ivisan
Panay
Carles
Calagnaan I.
Visayan
Culasi
Libacao
Mambusao
Ponrevedra
Balasan
Panitan
Pilar
Pres. Roxas
Sicogon I.
VISAYA
Dao
75
860
Guintarca
Tibiao
Dumalag
Carataya
Bagacay
Panay
Dumarao
Sara
San Dionisio
Madridejos
Daanb tay
Barbaza
121
Tapaz
115
Lemery
73
Concepcion
Bantaya I.
Cordilleras Range
3
1917
Passi
S. Rafael
Ajuy
Bantayan
Mede
Bugasong
Virginia
Calinog
Tagubanhan I.
Santa Fe
San
Malaguig
Remigio
Valderama
Lambunao
Barotac Viejo
Chambrey
Patnongon
Janiuay
Pototan
Banate
Manapla
Cadiz
Batad
San Remigio
Jalaud
Barotac Nuevo
70
SAGAY
Iliha
Belison
Cabatuan
Strait
Victorias
Fabrica
Escalante
San Miguel
96
Dumangas
SILAY
Tabuelan
n Jose
ILOILO CITY
Leganes
Patang Nat. Park
95
Tuburan
Guimbal
Buenavista
Talisay
Toboso
Calaja
Miagao
Tigbaoan
Jordan
Guimaras Strait
BACOLOD
Mt. Mandalagan
Calatrava
Kolonia
ngtohan
San Joaquin
Nueva Valencia
276
BAGO
Murcia
1879
SAN CARLOS
Asturias
4
Anini-y
Sinogbuhan
Guimaras I.
Salvacion
Caridad
70
Mt. Canlaon Nat. Park
Balamban
S. Enrique
La Carlota
Mt. Canlaon
TOLEDO CITY
908
Carmen
2465
Panay
La Castellana
80
Canlaon
Valle-hermoso
CEBU CITY
Hinigaran
Hibaiyo
Pinamun-gajan
Binalbagan
Villegas
66
Gulf
Isabela
NAGA
Manila
Barili
S. Fernand
Himamaylan
Guihulngan
65
Ilog
La Libertad
Dumanjug
Carcar
Inab
Canayan
Jimalud
Sibonga
Sojoton Pt.
Linaon
KABANKALAN
Moal-boal
CEBU
Tubigon
Tayasan
Calape
Bulata
Ilog
Ayungon
Badian
Argao
Catigbi-a
5
Mainit
Old Tarazona
Dalagueto
Looc
Sipalay
Bindoy
Alegria
Mari-bojoc
50
Tañon Strait
1037
Mabinay
Cortes
Bohol Strait
Matatindoe Pt.
Manjuyod
Alcoy
Tagbilaran
Lo
82
Hinoba-an
Manila
Bais
Ginatilan
Boljoon
Dau
Tanjay
Panglao
Taporok
Oslob
Colipapa
Panglao I.
Datagon
Basay
Amlan
Santander
NEGROS
Sibulan
Bayawan
Sta. Catalina
Damaguete
Enrique Villanueva
Tolog Bay
Valencia
Siquijor
Larena
Nagbalaye
Cuernos de Negros
1903
Bacong
628
Maria
Dauin
6
Maloconan
102
Zambo-anguita
San Juan
Lazi
Siaton
Siaton Pt.
Lutuban
Siquijor I.
5576
115

D
E
F
1
2
3
4
5
6
20 km
SAMAR
LEYTE
BOHOL
Laoang
Catarman
CALBAYOG
Catbalogan
Borongan
TACLOBAN
ORMOC
Baybay
Maasin
Surigao
BUTUAN
Tandag
Leyte Gulf
Surigao Strait
Bohol Sea
Camotes Sea
Canigao Channel
Hinatuan Passage
Dinagat Sound
Chocolate Hills
Sohoton Nat. Park
Camiguin I.
Dinagat I.
Biliran I.
Limasawa I.
Homonhon I.
Calicoan I.
Manicani I.
Suluan I.
Panaon I.
Mt. Capotoah
Palompon
Hilongos
Sogod
Abuyog
Dulag
Palo
Guiuan
Dolores
Oras
Gingoog
Cabadbaran
Talibon
Bayugan

A
B
C
1
2
3
4
5
6
20 km
Reed Bank
21
26
Templer Bank
18
8
Bo
Carnatio
Shoal
6
PALAWAN PASSAGE
Peaked Pt.
Saint Pauls
Bay
Piedras Pt.
Cleopa
Tanabag
Baheli
Bacungan
Honda
Tagburos
Irahuan
Anepahan
Puerto Pr
Long Pt.
Panagtaran Pt.
Apurahuan
PALAW
1524
Inagauan
Aborlan
Birong
Malanut
Bay
Tagpait
Quezon
1798
Panacan
Tabon Caves
Rasa I.
Lamakan
Aboabo
Eran Bay
Panitan
Island Bay
Malabungan
Labog
Tagalinog I.
Mt.
Mantalingajan
2085
Pulot
Banua
Brooke's Point
Tacbolubu
Tasay
Batarasa
Tagbita
San Antonio
Bay
Iwahig
Canipan
Sarong
Rio Tuba
Valdez
Coral Bay
Cape
Bulíluyan
Bulíluyan
Ursula Island
Pandanan I.
Bugsuk Island
Bancalan I.
North Balabac
Bugsuk
Mantangule I.
Strait
Ramos I.
Ramos
agupan
Balabac
576
Balabac Island
Bancoran I.
Citadai
Lumbucan I.
Cape Melville
Bancauan I.

D
E
F
108
1
2
3
4
5
6
Culion I.
Bulalacao I.
Manila
Linapacan Strait
Linapacan I.
Linapacan
Binalan
Nagolao I.
Cabulauan I.
Cuyo West Passage
Quiniluban I.
Manamoc I.
Libro Pt.
Tiniguiban
Cadlao I.
650
Sibaltan
Sta. Monica
Batas I.
El Nido
Casian I.
Custodio Pt.
Taboy
Maytiguio I.
Taytay Bay
Binaluan
Pancol
Taytay
Paly I.
Bantulan
S. Miguel
594
Calauag
Pangolasian
Dumaran I.
Dumaran
Araceli
Bonol
126
Capaias
Tara-dungan
Ilian
Flechas Point
Barton
Tumarbong
Roxas
Green Island Bay
Caramay
Tinitan
Bold Pt.
Cuyo 'English Game' Subterranean Nat. Park
Dit I.
Agutaya I.
Cuyo Islands
Patunga I.
Canipo I.
Lubic I.
Magsaysay
Cuyo
Cuyo I.
Capnoyan I.
Maducang I.
Calandagan I.
Cagayan Is
859
Cavili Island
2143
Tubbataha Reefs
Black Rock
Laut Sulu
Basterra Reef
113
114

A
113
B
C
1
2
3
4
5
6
Laut Sulu
Basterra Reef
4698
Kulassein I.
Pangutaran I.
Pangutaran
Teomabal Island
Panducan I.
Pangutaran Group
North Ubian I.
Cabucan I.
Rubuan Isl.
Taglib
Jolo
812
Indanan
Parang
Tali
Pata
Cap I.
Lapara I.
Doc Can I.
Buluan I.
Lammai I.
Tapul I.
Tapul
Lugus I.
Cabingaan
Tapul Group
Lapac I.
Siasi
Siasi I.
Tapaan Passage
Sugbai Passage
Bubuan I.
P. Tambisan
BORNEO
Look
Sembuang
Tongehatan Pt.
Buaylin
Tandubatu I.
Tawitawi I.
Dundangan I.
Balimbing
Baliungan I.
Sanga Sanga I.
Secubun Island
Bato Bato
Mantabuan I.
Bilatan I.
Sibutu Passage
Simunul
Simunul I.
Sulu Archipelago
Sibutu
Manuk Mankax I.
Tumindao I.
Sibutu I.
Celebes Sea

D
E
F
110
Manukan
Ponot
Matam
Pola
Tookan
Siari
Malopoy
Dipola
Sindangan Bay
Sindangan
Dumingag
1
Liloy
Dukanunday
Palandog
Sindangan
Mahayag
Sibalic
Salug
Ramon Magsaysay
Labason
Mocubol
Datagan
1124
Bayog
Tumao
Pagadian
Elangilog
280
Kabasalan
Dumalinao
Mamad
Siay
145
Buluan
Ipil
Ticaun
Sibuguey
Kumalarang
Siocon
Sta. Fe
Silingan
San Miguel
Sibuguey Bay
Malangas
Margosatubig
Siraguay
Zamboanga Peninsula
Pitas
Kolasihan
Dima
Gayamcam
Alicia
Danan
Sugbay
Anungan
135
Dawa Dawa
Pitogo
Tigtapol
Limbunan
Caliran
Panganuran
Sibuco
Olutange
Flecha Pt.
Paniapun
Panidan
Seboto Pt.
Malayal
Limasum
Buenavista
Pagadian
Bolong
Patalon
1335
Moro Gulf
San Ramon
Cabaluay
Kawit
Busay
Sacol I.
S. Jose
ZAMBOANGA CITY
3
Basilan Strait
Lanhil I.
Pilas Group
Sibago I.
Isabela
Lamitan
Baab
Tuburan
Pilas I.
Basilan Peak
Matanal Pt.
1011
Bohelebong
Butic
Abungabung
Basilan I.
Mangal
Amaloi
General Santos
Davao City
Tapiantana Group
Tapiantana Channel
Tatalan I.
Buctua I.
Bulan Island
4
Samales Group
Tongquil Island
Balanguingui I.
Simisa I.
Capual Channel
Luuk
o Group
5
Mindanao Sea
6
20 km

110

A
B
C
1
2
3
4
5
6
Bayawan
Tolog Bay
Nagbalaye
Sta. Catalina
Sibulan
Damaguete
Bacong
Maloconan
Dauin
Zambo-
anguita
Siaton
Siaton Pt.
Lutuban
Enrique
Villanueva
Siquijor
Larena
Maria
San
Juan
Lazi
Siquijor I.
Bohol Sea
Camiguin I.
Caterma
Sugbon
Manila
Taglo Pt.
Balinga
Macajal
Bay
Dapitan
Baliangao
Dipolog
Libayo
Plaridel
Lopez Jeane
Gitagum
Villan
Manukan
Katipunan
Polanco
Oroquieta
Initao
Opol
Ponot
Matam
Tookan
Sergio
Aloran
Iligan
Manticao
Siari
Malopoy
Jimenez
Lugait
Bay
Sindangan
Bay
Sindangan
Dipola
Sungan
Mt.
Malindang
2425
Tudela
Clarin
Bacolod
ILIGAN
Dumingag
Cani-
bungan
Ozamiz
Lina-
mon
Balo-i
Liloy
Salug
Palandog
Mahayag
Boni
facio
130
Kalam-
bugan
Munai
Saguiaran
Labason
Ramon
Magsaysay
Baroy
Midsalip
Marantao
Marawi
1124
Datagan
Aurora
Kapa-
togan
35
Lumbayao
62
Ramain
Bayog
Labangan
Tacuran
Malinao
Madulum
Taraka
280
Kabasalan
Pagadian
Dumalinao
Madamba
Lake
Lanao
Tamparan
Ipil
Ticaun
Siay
Sibuguey
Sta. Fe
Kumala-
rang
145
Karomatan
Binidayan
Lumbatan
45
26
Sibuguey
Bay
Malangas
Margo-
satubig
San Miguel
Pagadian
Bay
Bagigor
Tuka
Mt. Ragang
2815
Kola-
sihan
San Pablo
Illana Bay
Malabang
Pantawan
Alicia
Danan
Sugbay
Dimataling
Buldon
Dawa Dawa
Tabina
Balabagan
55
Limbunan
Caliran
Pitogo
Parang
Pta. Flecha
Bongo I.
Olutange
Flecha Pt.
Sultan Kudarat
30
Pigcawa
Seboto Pt.
COTABATO CITY
Midsayap
Linek
40
Katipuan
Datu
Piang
Pikit
Moro Gulf
Tabuan
Nuro
Ceturan
Talayan
Resa
Upi
68
Zamboanga City
Meti
1226
Maganoy
Ampatuan
Linao Pt.
Zamboanga City
Tacurong
Kinudalan
Isulan
Kalamansig
Norala
Lebak
Maganoy
Allah
Kipungkot
Kisek
1775
Sura
Midol
Palimbang
Milbuk
T'Bol
Mt. B
Kraan
Kalaong
Maitum
Kia
6220
Mindanao
Sea

D
E
F
111
117
1
2
3
4
5
6
20 km
MINDANAO
Jabonga
Toliago
Carrascal
Cantilan
Bay
Canit Pt.
Madrid
Cortes
Lanuza
Tigao
Bogto
Tubayo
Cabadbaran
Magallanes
Tandag
Tago
La Paz
Cagwait
Marihatag
San Agustin
Diuata Pt.
Butuan Bay
Magsaysay
Nasipit
Talisayan
Gingoog Bay
Medina
Carmen
BUTUAN
Kataringan
Gingoog
2450
Odiongan
Las Nieves
Esperanza
Nato
Bayugan
Claveria
Lianga
Lianga Bay
Prosperidad
Talacogon
Borbon
Agusan
Barobo
Bakulin
San Francisco
Tagbina
Malixi
Hinatuan
Rosario
Manolo Fortich
Impasugong
Comota
1678
La Paz
Loreto
321
Bislig
Bunawan
Lawigana
Silae
Balay Balay
Lantapan
Veruela
Trento
Cuevas
Salvacion
Lingig
Bantoanon
Pulangi
Valencia
Jaquimitan
Cateel Bay
Boston
S. Filomena
Cateel
Kapalong
S. Fernando
Camp Kalao
1724
Quezon
Maramag
Bankerohan
Banao
Bangai Pt.
Compostela
Tagpanio
Libuganon
Dangcagan
New Corella
Florida
Mandavar
Baganga
Nabunturan
Kapalong
Mawab
Kodahanan
2804
Sabaki
Baculin
Sto. Tomas
TAGUM
Kabatokan
Maco
Panabo
Carmen
Caraga
Pagpawan
Magnaga
Manay
Presidente Roxas
Baguio
Caliman
Kabacan
Magpet
DAVAO CITY
Babak
Samal
Pantukan
Mt. Mayo
S. Ignacio
Tarragona
Mt. Apo
2954
Kidapawan
Samal I.
Piso
MATI
Mayo
Lucatan
Kaputi-an
Mt. Apo Nat. Park
Astorka
Birat
Lupon
Dawan
Mayo Bay
Bodon
Talicud I.
Paet Pt.
Tulunan
Sta. Cruz
S. Isidro
Bitaugan
Mt. Hamiguitan
1633
Lamigan Pt.
Tumadgo Pt.
Buluan
Digos
Padada
Davao Gulf
Gov. Generoso
Buluan L.
131
Malalag
Lutayan
Sulop
Sta. Maria
Basiawan
Koronadal
Mt. Matutum
2286
Magdug
Nazaret
Luban
Malita
Banga
Tupi
Dimuloc
Lais
Surub
Bobon
Bosoboso
1644
Talaguton
Cape S. Agustin
Polomolok
Klinan
Lawa
Batotitic
GENERAL SANTOS
Kalian
Buayan
1842
Tambler
Sarangani Bay
Sharp Peak
Mangili
Bailat
Malapatan
2020
Jose Abad Santos
Maasim
Little Glan
Maybio
Glan
Kalbay
Baliton
Punsad
Sugal
Pangyan
Butulan
Kalipagan
Balangonan
Tinaca Pt.
P. Miangas
Sarangani Strait
Sarangani Island
Balut I.
Kaimba

LEGENDE REISEATLAS

Autobahn, mehrspurige Straße - in Bau Highway, multilane divided road - under construction		Autoroute, route à plusieurs voies - en construction Autosnelweg, weg met meer rijstroken - in aanleg
Fernverkehrsstraße - in Bau Trunk road - under construction		Route à grande circulation - en construction Weg voor interlokaal verkeer - in aanleg
Hauptstraße Principal highway		Route principale Hoofdweg
Nebenstraße Secondary road		Route secondaire Overige verharde wegen
Fahrweg, Piste Practicable road, track		Chemin carrossable, piste Weg, piste
Straßennumerierung Road numbering	E20 11 70 26 5 40 9	Numérotage des routes Wegnummering
Entfernungen in Kilometer Distances in kilometers	259 130 129	Distances en kilomètres Afstand in kilometers
Höhe in Meter - Paß Height in meters - Pass	1365	Altitude en mètres - Col Hoogte in meters - Pas
Eisenbahn - Eisenbahnfähre Railway - Railway ferry		Chemin de fer - Ferry-boat Spoorweg - Spoorpont
Autofähre - Schifffahrtslinie Car ferry - Shipping route		Bac autos - Ligne maritime Autoveer - Scheepvaartlijn
Wichtiger internationaler Flughafen Major international airport		Aéroport importante international Belangrijke internationale luchthaven
Flughafen Airport		Aéroport Luchthaven
Internationale Grenze - Provinzgrenze International boundary - Province boundary		Frontière internationale - Limite de Province Internationale grens - Provinciale grens
Unbestimmte Grenze Undefined boundary		Frontière d'Etat non définie Rijksgrens onbepaalt
Zeitzonengrenze Time zone boundary		Limite de fuseau horaire Tijdzone-grens
Hauptstadt eines souveränen Staates National capital	STOCKHOLM	Capitale nationale Hoofdstad van een souvereine staat
Hauptstadt eines Bundesstaates Federal capital	Boa Vista	Capitale d'un état fédéral Hoofdstad van een deelstat
Sperrgebiet Restricted area		Zone interdite Verboden gebied
Nationalpark National park		Parc national Nationaal park
Besonders sehenswerter Ort Place of particular interest	Pattaya	Localité pittoresque Zeer bezienswaardige plaats
Sehenswerter Ort Place of interest	Cañete	Localité remarquable Bezienswaardige plaats
Besondere Sehenswürdigkeit Object of particular interest	Ko Phuket	Curiosité intéressante Bijzonder bezienswaardigheid
Antikes Baudenkmal Ancient monument		Monuments antiques Antiek monument
Sonstige Sehenswürdigkeit Other object of interest		Autres curiosités Overige bezienswaardigheden
Brunnen Well		Puits Bron

Enthalten sind alle in diesem Führer erwähnten Orte, Inseln und Ausflugsziele. Halbfette Ziffern verweisen auf den Haupteintrag, kursive auf ein Foto.

Abuno 64
Agoho 74
Agono **42,** 88
Agoo 56
Alaminos 42, 57
Allen 71
Antequera 60
Antipolo **41f.,** 87
Asin Springs 50
Baclayon 61
Bacolod City 31, 67, **68**
Baguio City **50ff.,** 90
Baheli 86
Balayan 31
Banawe **52f.,** 90
Barrio Casasay 43
Basey 66
Basilan Island 80
Batad 52, **53**
Bataraza 86
Bat Island 84
Bauang 56
Bicol 43ff.
Biliran Island 66
Binoclutan 57
Boac 31, 66
Bohol 59–62
Bokong-Wasserfall 54
Bontoc 30, 31, 53, **54f.,** 90
Bool 61
Boracay Island *4, 10,* 69f.
Botolan 57
Brooke's Point 86
Bug-ong 74
Cagsawa 44
Caibiran 66
Calabama 89
Calabidong Caves 44
Calatagan 43
Calauit Island 84f.
Calbayog 71
Calinan 77
Camalig 44
Cambulo 53
Camiguin 74
Cap Bolinao 57
Catanduanes 45f.
Catarman 71
Catilaran Cave 70f.
Cavite 46
Cavite City 46
Cebu City 30, **62–65**
Chocolate Hills *60,* 61f.
Corregidor 42
Dalaguete 65
Dananao 54
Dapitan 81
Daraga 44, 45
Dauis 61
Davao 74ff.
Diwata Caves 85
Dumaguete 67, **68**
El Nido 85
Gasan 29, 31, 66
Guimaras Island 70
Hibok-Hibok Volcano 74
Hidden Valley 42
Hingadanan Cave 61
Hoyop-Hoyopan Caves 44
Hundred Island National Park 57
Iba 57
Ilig-Iligan 70
Illomaris 76
Ilocos Norte 17, **55f.**
Ilocos Sur 55f.
Iloilo 70
Isabela 81
Jolo 81
Kabayan **53,** 90
Kalibo 30, 69, 70f.
Kanlaon Volcano 68
Kawit 46
Kidapawan 76
Laguna de Bay 46f., **87f.**
Lake Buhi 44
Lake Lanao 78, 79
Lamitan 81
Lanao del Sur 77ff.
Laoag 55
Las Piñas 89
La Union 56
Legaspi City 43f.
Leyte 15, **66**
Libtong 66
Liliw 89
Lingayen 57
Loboc 62
Loon 62
Los Baños 23, **88**
Lucban 31, **47**
Lucena City 47
Luzon 6, 15, **49–57**
Mabini 43
Mabitac 88
Mactan Island 63, 64, 65
Mag-Aso Falls 60
Mainit 66
Majayjay 88
Malango 55
Maligcong 52
Mambajao 74
Mamburao 67
Manila 7, 8, 9, 10, 20, 27, 29, 30, 31, *32,* **33–41**
Maragondon 46
Marawi 78f.
Maribago 64
Maribojoc 62
Marakina 87
Marinduque 29, **66**
Masbate 45f.
Matanglag 52
Mayaoyao 52
Miagao 70
Mindanao 6, 8, 12, **73–81**
Mindoro 67
Miniloc Island 85
Moalboal 65
Mogpog 31, 66
Morong **42,** 88
Mount Ampacao 54
Mount Apo 6, 21, 75, **76f.**
Mount Apo National Park 76f.
Mount Asog 44
Mount Banahaw 46
Mount Makiling 42, 46, 88
Mount Mayon 21, **44f.,** *45*
Mount Pinatubo 6, 21, 57
Mount Pulog 6
Mount St. Paul 86
Mount Talini 68
Naga City 45
Nagcarlan **46f.,** 89
Nasugbu 43
Negros 15, **67f.**
Nueva Valencia 70
Padang 44
Paete **47,** 88
Pagbilao Grande 47
Pagsanjan 88
Pagsanjan-Wasserfälle 42
Pakil **47,** 88
Palawan 15, *82,* **83–86**
Panay 15, 30, **69ff.**
Pangalusion Island 85
Pangasinan 56f.
Pangil **47,** 88
Panglao Island 61, **62**
Paoy 55
Pasonanca Park 81
Puerto Azul 43
Puerto Galera 67
Puerto Princesa 83f.
Puy-Puy 67
Quezon 47
Quezon National Park 47
Rio Hondo 80
Romblon 71
Sacred Mountain 78
Sagada **53f.,** *54,* 90
Samal Island 77
Samar 15, 59, 66, **71**
San Antonio 68
San Fernando 31, **56**
San Jose 67
San Raphael 85
Santa Cruz 29, **47,** 88
Santa Cruz Island 81
Sibuyan 71
Sicogon Island 70
Silay City 68
Siniloan 88
Siquijor 68
Sogod 65
Sohoton National Park 66
St. Paul Subterranian National Park 86
Sumadel 55
Taal Volcano *20,* 43
Tabaco 44
Tablas 71
Tabon Caves 85
Tacloban 66
Tagbilaran 60, 62
Tagburos 84
Taluksangay *81,* 81
Tamaraw-Reservat 67
Tanay 88
Tarampitao 85f.
Tawi Tawi Islands 81
Tayabas 47
Taytay 87
Tejero 68
Tinglayan 54
Tugaya 79
Tulgueo 54
Underground River 86
Ursula Island 86
Vigan 55f.
Viriato 71
Visayas 59–71
Zambales 57
Zamboanga 79ff.

Was bekomme ich für mein Geld?

Die philippinische Währung ist der Peso (P). Ein Peso sind 100 Centavos. Es sind Münzen im Wert von 1, 5 und 25 Centavos im Umlauf sowie von 1 und 2 Peso. Banknoten gibt es in Stückelungen von 10, 20, 50, 100, 500 und 1000 Peso. Die Währung, die vor allem in den Provinzen am leichtesten umgetauscht wird, ist der US-Dollar.

Für Budget Traveller sind die Philippinen ein Billigland. Für Mittelklasse-Reisende kann es jedoch teuer werden. Vor allem die Zimmerpreise in Hotels der Touristenklasse liegen oft erheblich über 100 Dollar. Peso-Preise werden nur in Budget-Hotels angegeben. In Traveller-Hotels bekommt man jedoch bereits ein Bett ab 200 P.

Eine vollwertige Mahlzeit mit Reis, Gemüse und Fisch kostet in einem *turo-turo*, dem philippinischen Schnellrestaurant, ab 80 P. In Restaurants der Kategorie 1 in Metro Manila muß man für ein Menü nahe an 50 Dollar und mehr ausgeben. In den Provinzstädten liegen die Preise erheblich niedriger.

Preisbeispiele: Dia-Farbfilme: 45 P; Tageszeitung: 12 P; Ortsgespräch: 5 P; eine Flasche Bier: 12 P; 100 Kilometer mit dem Bus: 95 P; mit klimatisiertem Bus: 135 P; eine Stunde Inland-Flug: 1500 P; Mietwagen: 90 Dollar pro Tag/ 21 000 P pro Woche.

DM	P	P	DM
1	19,62	10	0,48
2	39,24	25	1,20
3	58,86	50	2,41
4	78,48	75	3,61
5	98,10	100	4,81
10	196,20	150	7,22
20	392,40	200	9,62
30	588,60	250	12,03
40	784,80	500	24,06
50	981,00	750	36,10
60	1.177,20	1.000	48,12
70	1,373,40	1.250	60,15
80	1.569,60	1.500	72,18
90	1.765,80	2.000	96,25
100	1.962,00	2.500	120,31
200	3.924,00	5.000	240,61
300	5.886,00	7.500	360,92
500	9.810,00	10.000	481,23
750	14.715,00	15.000	721,85
1.000	19.620,00	20.000	962,46

Bei Scheckzahlung/Automatenabhebung am Urlaubsort berechnet die Heimatbank die obenstehenden Kurse. Stand: Juli 1999